to Rosie,

One of my best friends -

With deepest love,

My

Nary, rescapée du génocide cambodgien

(*) beautiful, funny, talented, annoying ...

Nathalie Sophana Lim

Nary, rescapée du génocide cambodgien

Les Éditions de Paris

54, rue des Saints-Pères, 75007 Paris.

Quel terrible héritage nous a laissé cette période sanglante de l'histoire du Cambodge ? Et que ressort-il aujourd'hui de l'impitoyable génocide que les khmers rouges réalisèrent avec une inhumanité glaciale et méthodique ?

Nary, rescapée du génocide cambodgien est un cri qui transgresse les tabous et les peurs, un pari sur la mémoire et l'avenir qui nous invite à réfléchir sur les ressorts de la nature humaine. Ce témoignage d'une femme khmère, recueilli par sa fille, Sophana, est un hommage à sa famille et au courage de sa mère, Nary, et de sa grand-mère, plongées comme elle, alors enfant, dans une situation effroyable. Il est aussi une chronique historique, sociale et culturelle du Cambodge depuis les troubles années 1970 jusqu'à la chute du royaume et à la terreur communiste qui suivit.

Ce récit sans concession, où une mère et sa fille tissent d'étranges liens, se veut l'écho des voix disparues, celles des millions de victimes d'un génocide perpétré dans l'indifférence du monde et l'insensibilité des bourreaux.

Youk Chhang, directeur du
Centre de Documentation du Cambodge.

Remerciements

Je tiens à remercier la Croix-Rouge française, le Centre de Documentation du Cambodge, Kyentse Norbu. ainsi que toutes les personnes qui, pour des raisons de sécurité, ne sont pas mentionnées et qui m'ont aidée. Je remercie tous ceux que j'ai rencontrés, connus, aimés et jamais oubliés et tous ceux qui m'ont encouragé à entreprendre, continuer et rendre possible la publication de ce livre.

N. S. Lim

Note de l'éditeur

Le document et son contexte

Nary, rescapée du génocide cambodgien est un récit basé sur le témoignage d'une jeune femme, Nary, qui survécut à la révolution communiste et au génocide perpétré par les khmers rouges à la fin des années 1970.

Durant cette période de violences et de tourments auxquels le peuple cambodgien paya un lourd tribut, Nary, tout au long de sa captivité dans les camps de travaux forcés, prit des notes habilement dissimulées et précieusement préservées lors de son évasion, jusqu'à son refuge en terre d'asile française.

Le récit débute avec son retour au Cambodge en 2005 puis reprend, par un *flash-back,* avec son départ de la capitale le jour de la chute de Phnom Penh pour se poursuivre tout au long de son chemin de souffrances, jusqu'à son exil à Paris.

L'ouvrage est une reconstitution minutieuse effectuée par la fille du personnage, Sophana, à partir de journaux de voyage retrouvés, correspondances, croquis et photos d'archives ainsi que de témoignages oraux des personnes qui ont croisé Nary sur l'itinéraire de sa destinée exceptionnelle. De ce fait, l'intérêt du texte est d'abord documentaire. Il offre en effet un témoignage sur une page de l'histoire devenue presque tabou. Pour en apprécier la portée, il faut savoir qu'il s'agit ici de carnets de route traitant d'un sujet qui reste très mal compris et pratiquement effacé des mémoires de par le malaise qu'il provoque. Le manuscrit édité ici ne fut guère facile à reconstituer au détail près des chronologies et, s'il connaît sans doute quelques changements de ton ou de ruptures de rythme, il est dans l'ensemble un calque presque parfait de la réalité des faits.

Un certain nombre d'identités, d'âges, de lieux et diverses séquences du récit ont été modifiés à la demande de la mère, Nary, par respect pour les personnes citées. Si des scènes décrites dans ce journal peuvent choquer la sensibilité de certains lecteurs, il faut garder en mémoire qu'en seulement quatre ans, le régime sanguinaire et despotique des khmers rouges a provoqué la mort de 1,7 millions de Cambodgiens, soit le quart de la population khmère.

Ce récit autobiographique évoque les destinées tragiques de plusieurs vies à travers le regard d'une femme dans son courage et sa ténacité. Il mêle un destin humain et un événement effroyable que nul ne peut, à ce jour, entièrement comprendre et qu'aucun ne peut prétendre oublier. Récit qui se fait aussi l'écho des paroles des vieux sages khmers auxquels il rend hommage en montrant le combat de la dignité contre la mort quotidienne.

Ce carnet de route restitue l'enjeu de la lutte que doit mener l'être humain pour s'affranchir de lui-même ; il honore aussi la mémoire d'une civilisation religieuse qui fut, pendant des siècles, la grâce des dieux et l'orgueil des rois, mais est aujourd'hui meurtrie.

Au-delà de l'horreur, ce témoignage est enfin une réflexion sur les enjeux spirituels et la mesure de l'homme.

Nous remercions tout particulièrement M. Youk Chhang, directeur du Centre de Documentation du Cambodge, qui nous a permis de reproduire gracieusement ses documents d'archives, ainsi que M. Michael Youngs qui a réalisé les photos sur le Cambodge contemporain.
Les documents qu'ils nous ont confiés complètent le témoignage de Nary et donnent à voir une tragédie que le pays tente aujourd'hui de conjurer.

Récit de Nary

À mon fils

1

Juin 2005, retour à Phnom Penh

Seule, avec des voyageurs inconnus… L'avion a dépassé les frontières thaïlandaises et déjà, j'aperçois la terre du Cambodge où est restée ma petite enfance.

J'arrive à la première heure de l'aube ; l'aéroport vitré de Po Chen Tong éclairé par les premières lueurs du jour s'est empli des peuples du monde. Je ne reconnais pas cet endroit modernisé où je courrais autrefois insouciante lorsque père enregistrait les bagages. Rien alors, ni même les injonctions des douaniers, ne semblait pouvoir troubler les moments d'innocence d'une fillette. J'ai connu cet aéroport durant l'époque coloniale, lorsque mon père m'emmenait avec lui dans ses voyages officiels à Paris. Petite fille, je rêvais de la Ville lumière aux mille distractions, aux vitrines alléchantes et aux femmes distinguées. Ce rêve d'enfant s'est exaucé : j'habite aujourd'hui la capitale de la France, devenue ma terre d'accueil, ma terre d'espoir ; la terre de l'empereur Napoléon III et celle du roi Ang Duong, les héros des livres de ma jeunesse, ceux qui, en pionniers, conjuguèrent nos deux mondes lointains : l'Orient et l'Occident.

Après trois longues décennies, je retrouve mon pays natal, une terre que tout un peuple a fuie, que j'ai fuie et qui, aujourd'hui, intrigue le monde entier par son histoire, sa beauté et ses croyances. Une terre mystérieuse, ensorcelée par les âmes errantes des victimes de Pol pot.

À mon arrivée à Phnom Penh, mon cœur est empreint d'une joie mêlée d'amertume. Tant d'années d'absence et me voilà dans mon pays à respirer cette odeur chaude et humide propre à la période de la mousson.

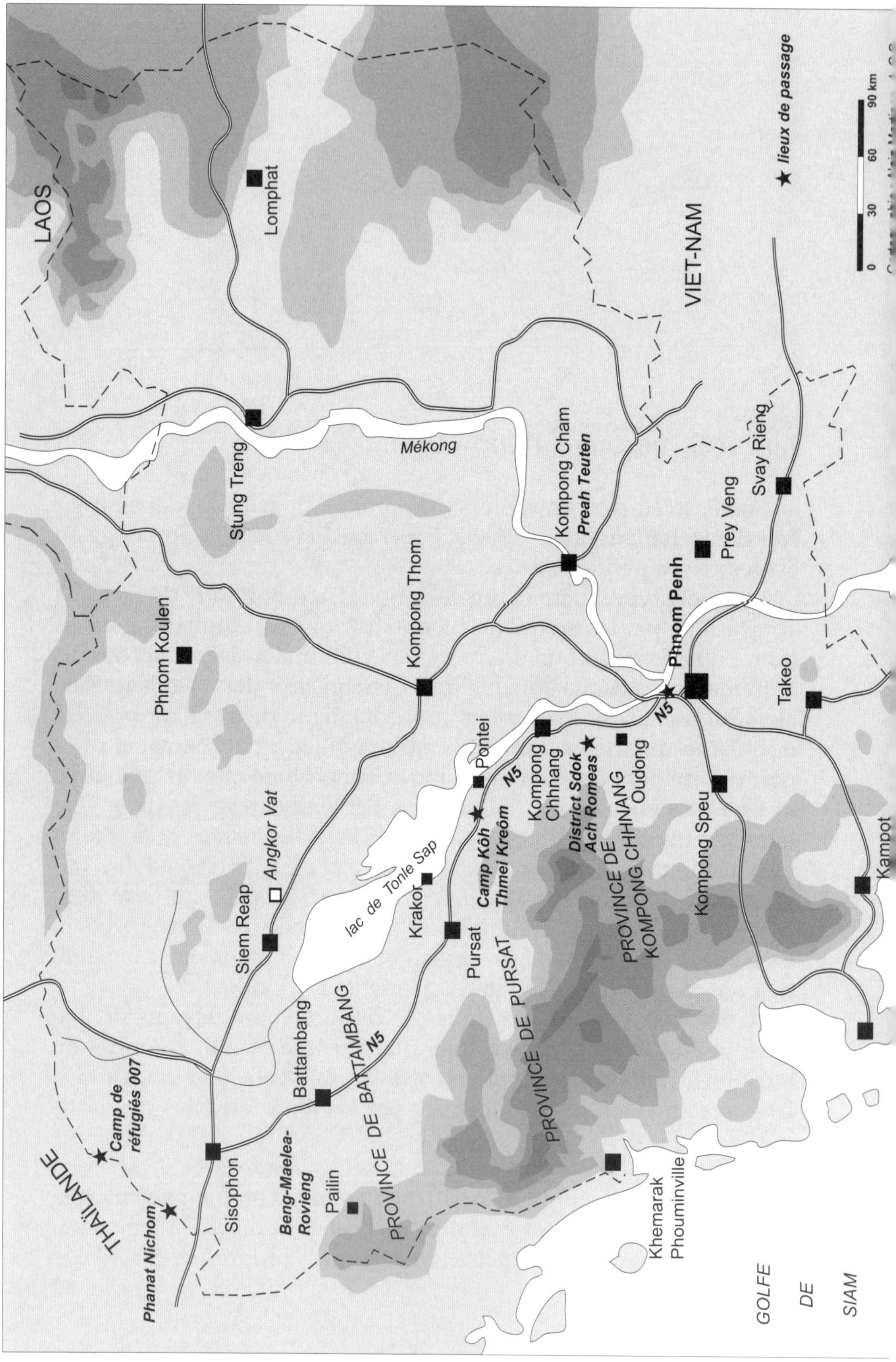

Carte du Cambodge où l'on peut suivre le périple de Nary.

C'est ma sœur Sorya qui vient m'accueillir. La retrouver pour la première fois depuis la chute de Phnom Penh, m'emplit d'émotion ; j'en ai les larmes aux yeux. Sorya a changé ; elle n'est plus l'adolescente d'autrefois ; son visage, marqué par de nombreuses rides d'expression, semble s'être assagi. Elle n'a plus cet orgueil de croire tout savoir ni la fureur de jeunesse qui l'animait toujours d'une grande passion. Elle a cependant gardé le sens de la justice et cette beauté du cœur qui la rend si radieuse. Après la défaite des khmers rouges, elle s'est réfugiée à Moscou où elle a entrepris des études socio-politiques. Sorya est rentrée au pays au début des années 1990 et, comme elle parlait couramment le russe, elle est devenue interprète khmer-russe à l'ONU, puis s'est mariée à un avocat français. En la voyant si épanouie, personne ne pourrait se douter que cette femme si délicate ait pu endurer tant de souffrances et vivre différentes vies.

Nous sommes à peine sorties de l'aéroport qu'une pluie diluvienne s'abat sur nous. Je voudrais vous parler de la pluie, de tout ce qu'elle évoque pour moi. La pluie d'été fut dans mon enfance douce, apaisante, enivrante grâce aux parfums de la terre mouillée. La pluie des après-midi torrides à l'heure de la sieste où la maison s'endormait, la pluie sereine qui nous berce de sa musique régulière au contact des toits de terre, la pluie qui fait chanter crapauds et crickets en une symphonie harmonieuse venue de partout et de nulle part, la pluie qui coule sur les pétales de fleurs pour embaumer l'air de doux arômes parfumés. Et ces moments de silence imprévisible lorsque son ruissellement, ponctué de chants d'oiseaux, se faisait entendre sur la petite verrière. La pluie qui nous vient du paradis. Mais comment oublier la pluie orageuse et destructrice, celle des colères et des passions. La pluie des camps de la mort. Celle de la nuit où j'ai fui mon pays.

Je me demande si aujourd'hui les *Nâgas*[1], ces déesses des eaux, viennent me bénir ou me jeter un sort. Les gouttes tombées du ciel mitraillent la carcasse du Land cruiser comme pour en briser le toit ; larmes célestes qui se précipitent sur les vitres pour y mourir et s'écouler lentement. Une profonde mélancolie surgit en moi, les souvenirs m'assaillent, me déchirent le cœur et je me remémore la nuit orageuse de ma fuite, ma quête vers la liberté.

1. *Nâgas* : esprits des eaux et des forêts. Les *Nâgas* sont mi-femmes, mi-serpents.

J'observe l'agitation de la foule en joie qui, dans une ruée générale, se précipite sous un abri de fortune à part quelques enfants rieurs qui sautillent et s'amusent autour des flaques. De grosses gouttes rebondissent sur le sol et emprisonnent la terre rougeâtre dans des bulles poussiéreuses tandis que cinq bonzes[2] en robe safran, continuent dans le silence leur marche sereine.

Aucun des sages ne semble pourtant perturbé ni n'accorde la moindre importance à cet élément divin qui ne cesse de bombarder la place, détrempant leur robe orange-écarlate et révélant des corps squelettiques et émouvants. Chaque religieux porte un bol d'aumône en bois, signe de leur détachement du monde samsarique[3], ils marchent pieds nus et semblent flotter au-dessus du sol. À les observer, on a l'impression que le génocide des khmers rouges n'a jamais eu lieu.

Le chauffeur, homme robuste au visage doux, me guette de temps à autre dans le rétroviseur. Il conduit en silence, l'air intrigué. De l'intérieur, j'observe Phnom Penh, fascinée par le côté théâtral qu'elle offre, son évolution, son agitation et cet éternel charme qu'elle a su préserver malgré les injures du temps. Sorya me prend la main affectueusement et ma gorge se noue. Je la regarde un long moment avant de pouvoir parler.

– Sorya, je suis tellement heureuse que tu aies survécu à cette maudite guerre.

– C'est l'homme qu'on m'a forcé à épouser dans les camps qui m'a aidée.

– Que lui est-il arrivé ?

Elle marque une pause pour apaiser le chagrin qui lui étreint le cœur.

– Je te raconterai, mais tout ça c'est de l'histoire ancienne ! Puis, changeant instantanément de ton, passant de la tristesse à la joie, elle ajoute :

---

2. Bonzes : religieux qui prennent la robe des moines bouddhistes après avoir fait les vœux du *boddhisatva*.

3. *Samsara* : existence cyclique, roue de la vie et de la mort. État des êtres ordinaires qui expérimentent par leurs transmigrations les souffrances des six mondes. On parle de monde samsarique.

– Tu as faim, j'espère ! Socheata, pour l'occasion, a préparé ton mets préféré, le *slôh bahah*[4] !

Nous échangeons encore quelques paroles puis le silence nous recouvre, laissant place à une terrible nostalgie qui nous absorbe toutes deux. L'averse cesse lentement de tomber et je regarde les marchands ambulants qui ont couvert leur tête d'un morceau de plastique ; ils défilent le long des trottoirs et attirent mon attention : le temps ne semble pas les avoir bousculés. Un rien crée une image, provoque une émotion, la mémoire resurgit de l'ombre, des souvenirs, d'un détail capté au passage et les vieilles douleurs réapparaissent... Avec cela, quelques moments de bonheur... Comme toutes ces fois où, en sortant de l'école, j'allais m'acheter contre quelques riels[5], un beignet tout vert, tout chaud et gélatineux, fait de pâte de riz gluant, enveloppé dans une feuille de bananier jaunie par la chaude vapeur des gâteaux.

Le véhicule s'arrête à un carrefour qui, jadis, fut un point de tri des khmers rouges lors de la déportation de la population citadine. Un policier à sifflet fait des gestes de ses bras pour contrôler l'afflux constant de voitures de luxe aux vitres teintées, d'automobilistes et de passagers entassés sur des deux-roues, de charrettes, de « cyclos[6] », de passants et d'animaux. Malgré un désordre abrutissant, l'homme semble à l'aise et maîtriser parfaitement la situation. On dit qu'ici c'est le chaos, mais chacun sait parfaitement ce qu'il fait. Des écolières à bicyclette, chassées par une horde de jeunes garçons, nous dépassent en riant innocemment. Elles portent le même costume que je portais à l'époque : chemise blanche, jupe droite bleu marine, petits bas blancs et chaussures plates.

Je suis logée par la bourgeoisie khmère, celle dont nous sommes issus mais dont je suis peu fière. Une superbe demeure familiale, construite à l'époque de l'impérialisme et dont la façade, parfaitement ravalée, se dresse comme un monument à la gloire des Français, ces habiles architectes de l'outre-mer qui ont su allier dans la beauté pierre, soleil, chaleur, ombre et lumière. Elle fut réacquise par mes petites sœurs Sorya et Socheata ; les seules de mes huit frè-

4. *Slôh bahah* : plat traditionnel à base de poisson.
5. Riel : nom de la monnaie nationale cambodgienne.
6. Cyclo : vélo-taxi qu'on appelle aussi « pousse-pousse ».

res et sœurs qui aient survécu à la guerre. Beaucoup de maisons bourgeoises de la Belle Époque sont maintenant passées aux mains des nouveaux riches, de l'administration ou habitées par les premiers rescapés du régime qui, depuis, les ont « squattées ».

Les anciens bâtiments sont restaurés et beaucoup de demeures luxueuses, d'immeubles modernes, de quartiers résidentiels et commerciaux fleurissent un peu partout, comme se développent plus loin des faubourgs débordant de vie. Les lycées, universités, bibliothèques, pagodes, musées, salles de théâtres et jardins ont été rebâtis en priorité comme si le but était de vouloir masquer les erreurs du passé, d'en effacer les moindres traces, pour arracher Phnom Penh à toute marque du génocide. Une feinte sérénité afin d'imposer l'oubli dans la mémoire d'un peuple traumatisé et appâter touristes et investisseurs par un semblant de paix et de sourire. L'espoir de reconquérir la gloire perdue du royaume. À première vue, le temps d'aujourd'hui, comme celui de mon époque d'avant-guerre, semble plein de promesses et riche de lendemains glorieux.

La résidence « des trois Apsaras » se trouve sur le quai Sisowat entre le Palais royal et la rive du Mékong ; elle ouvre et ferme son impressionnante grille d'entrée sur la misère de la rue. Je n'esquisse qu'un bref regard en direction du personnel de la maison : il n'est pas convenable dans notre tradition de saluer, sourire ni d'accorder une quelconque attention aux serviteurs ; au contraire on doit marquer les frontières. Même à ce jour, la hiérarchie sociale tient au Cambodge une place dominante ; dans les mœurs, le mépris des classes inférieures a force de loi. Une tradition dans laquelle j'ai grandi et que je n'aurais jamais remise en question sans l'épreuve de la guerre et du génocide et qui s'avère désormais aussi choquante et cruelle que l'injustice des khmers rouges. Telle fut la source des querelles saignantes entre les hommes : le génocide de Pol Pot est née d'une révolution qui rassemblait le monde ouvrier dans une lutte contre l'impérialisme et les inégalités sociales. Voilà la première réponse aux questions des gens qui se demandent comment un peuple aussi paisible a pu plonger dans la guerre civile puis l'horreur du génocide.

On s'est beaucoup indigné que jusqu'en 1983, en Occident, le monde a continué à soutenir les partisans de Pol Pot* ; la victoire des khmers rouges était alors perçue comme la victoire d'un petit peuple contre l'impérialisme. Lorsque les gens ont découvert que des millions de personnes avaient été torturées et tuées lors d'un génocide atroce, ils se sont alors interrogés pour la énième fois, sur le danger des différences sociales. Hélas ! l'histoire se répète et personne ne semble trouver la solution au plus vieux problème du monde : les inégalités entre les hommes. La majorité des rescapés a reconstruit une vie sans morale, s'est pliée à la corruption, aux opportunités, et semble incapable de tirer une quelconque leçon des souffrances passées.

Aujourd'hui, je cherche à me replacer dans un monde à la fois fragile et menaçant, un monde qui m'effraie par son hypocrisie mais pour lequel, à mon humble niveau, je ne peux sans doute rien. Malgré mes expériences, mes valeurs et mes croyances, je ne sais plus quoi penser.

Comme à l'époque, le vieux marché du Psar Thmeï est imprégné d'odeurs tantôt délicieuses tantôt nauséabondes, mélange de parfums de fleurs de jasmin, de mangues fraîches, de *pra-hok*[7], ou de chaussures en caoutchouc. On y trouve toutes sortes d'aliments et d'objets divers : tiges de nénuphars, araignées frites, criquets grillés, œufs de tortues, serpents vivants, oiseaux en cage à libérer, cigarettes Alain Delon, jouets importés de Chine, vêtements Gap[8] manufacturés sur place, téléphones portables japonais dernier cri, imitations de produits Louis Vuitton, Mont Blanc ou Hermès… Dans un fatalisme ambiant, de vieilles femmes accroupies derrière leurs marchandises, attendent paisiblement le client, d'autres, plus jeunes, envoûtées par le billet vert, gesticulent nerveusement afin d'attirer l'attention d'un éventuel passant. Ici les deux monnaies courantes sont le riel et le dollar américain. Comme autrefois, tout se marchande, mais, à présent, avec l'arrivée massive des touristes, des expatriés et des nouveaux riches, les prix ont flambé et se fixent dorénavant à la tête du client. Contrairement aux Européens, les Américains, réputés pour leur générosité, semblent pardonnés et tant qu'ils apportent des dollars au pays, ils sont les bienvenus. De

7. *Pra-hok* : pâte de poisson salé, pilonné et fermenté. Plat traditionnel khmer de fabrication purement familiale, qui se consomme avec du riz nature.

8. Gap (vêtements). Beaucoup d'usines Gap sont installées au Cambodge.

nombreux trafics se sont organisés, que ce soit autour du commerce des pierres précieuses ou du bois, des filières de prostitution et de pédophilie ou de la vente d'organes ou de drogues. Ces trafics, en particulier le trafic des êtres humains soutenu par des membres éminents des forces armées ou des autorités, attirent de nombreux touristes au pays du sourire.

Aujourd'hui, le Cambodge est redevenu l'une des premières destinations touristiques du monde, assurant au pays l'essentiel de ses devises étrangères. Malgré la période sombre qu'il a connue, l'ancien royaume d'Angkor demeure, aux yeux des visiteurs, l'un des plus grands jalons de l'humanité. La civilisation khmère a laissé à la postérité ses témoins de pierre et les temples d'Angkor comptent parmi les plus beaux édifices sacrés au monde.

Je n'ai jamais vu tant de *Barang*[9] au marché depuis la période coloniale. Ici, toute personne « blanche », qu'elle vienne des États-Unis, d'Europe ou d'ailleurs, est désignée par ce terme. C'est là un qualificatif utilisé par les plus anciens, ceux qui ont vécu l'époque de la présence française et en ont gardé la nostalgie. Ces « vieux » du temps du protectorat surprennent bien des touristes par leur français impeccable et, comme toutes personnes âgées, ils passent leur temps à chercher un curieux pour écouter leur histoire et compatir sur leurs rêves brisés.

Des mendiants affluent de partout : vieillards, enfants, aveugles, ainsi que beaucoup d'handicapés dont la majorité sont des blessés de guerre ou des paysans amputés originaires des terres fertiles du nord-est, qui ont choisi de travailler aux champs malgré les risques de sauter sur une mine. Quand ils étaient au pouvoir, les khmers rouges ont enfoui des millions de mines terrestres à fragmentation et à effet de souffle sur l'ensemble du pays afin d'interdire à l'ennemi l'entrée de leur territoire. Aujourd'hui, ces mines antipersonnelles, souvent de fabrication soviétique, difficiles à détecter, explosent sous l'effet d'une simple pression et continuent à tuer ou mutiler des milliers de malchanceux, la plupart du temps des femmes et des enfants vaquant à leurs occupations quotidiennes. Les experts internationaux estiment qu'il resterait près de neuf millions de mines terrestres

9. *Barang* : mot khmer désignant un Français.

non neutralisées au Cambodge, suffisamment pour tuer la population entière, celle du moins qui a échappé au génocide.

Une petite fille d'environ sept ans, d'une rare beauté, unijambiste, le dos courbé par l'effort, me demande l'aumône : le visage barbouillé, le regard lointain et triste, elle a les cheveux hirsutes, poussiéreux, son corps très maigre se cache dans un vieux sac de riz transformé en robe, noué à la taille par deux lacets de chaussure de sport, sales. Elle tente de soulever un bébé trop lourd pour ses bras osseux. C'est une enfant déjà brisée par la vie dont le regard me rappelle tristement celui de ma fille Sophana lorsqu'elle avait le même âge.

Malgré la fin du génocide, la misère reste omniprésente ; la fillette se tient là, comme pour me défier, debout devant mes yeux, ressuscitant en moi des visions de cauchemar. La souffrance propre à toute destinée ne s'en va jamais ; elle se manifeste sous des formes diverses quels que soient l'âge, la couleur, le statut social ou les idéaux politiques. Combien de temps faudra-t-il pour qu'elle soit transcendée par la sagesse ?

Mes sœurs m'emmènent dans la province de Kompong Cham, à Phreah Teuten où se trouve le village natal de ma mère. Il ne reste rien de la luxueuse résidence secondaire, réduite aujourd'hui à un amas de ruines étouffées par de mauvaises herbes grimpantes et à des cimetières recouverts par les rizières verdoyantes.

Phêt[10] Penh Knom, le petit hôpital public, est proche et je décide de le visiter. La chaleur est terrible, les odeurs épouvantables. Partout des instruments tranchants et rouillés, des couloirs sombres, des cris et des gémissements et, par-dessus tout, le regard terrible des malades. Tout ici me rappelle mes années d'enfer. Les pleurs d'enfants me font sursauter, réveillant le trauma ancré en moi qui vis avec la perpétuelle peur au ventre. Au-delà du nombre de victimes, le génocide constitue une destruction mentale qui atteint les êtres au plus profond de leur âme, et laisse à jamais en eux des interrogations, des doutes et des vides, comme si la victime qui dort en moi ne comprenait toujours pas. Une guerre peut se comprendre, pas un génocide. Sans doute celui-ci est-il l'aboutissement d'événements qui l'ont précédé, mais, si les causes d'une telle catas-

10. *Phêt* : mot khmer désignant l'hôpital.

trophe peuvent être comprises théoriquement, elles restent moralement irrationnelles. Et puis il y a cette peur, cette honte à parler, comme si les mots étaient impuissants à rendre compte de cette violence inouïe vécue par tout un peuple.

Quelques années après mon arrivée en France, j'ai voulu me confier, me sentant enfin prête. Mais les médias accordaient peu de place à la voix des rescapés du génocide. Le comble fut de voir mes bourreaux continuer à siéger à l'ONU. En effet, bien longtemps après le génocide, le gouvernement de Pol Pot* y conserva son siège, tandis qu'au Cambodge, les fidèles khmers rouges gardaient le pouvoir, puisque l'un de leurs dirigeants, Khieu Samphan* devait devenir officiellement le chef de l'État. Ajoutons que l'« autodestruction khmère » n'a jamais été reconnue comme génocide par les Nations unies, car, selon ces dernières, elle ne répond pas, à proprement parler, à la définition d'un « génocide », les critères de choix des victimes ne correspondant pas à un groupe national, ethnique, racial ou religieux.

Alors comment parler lorsque l'on se sent menacée de toutes parts et surtout incomprise ? Ces faits ont conduit au suicide nombre de mes compatriotes.

Vingt-trois ans après, en avril 1998, lorsqu'on annonça la mort « présumée » de Saloth Sar, alias Pol Pot*, j'ai été un instant soulagée. Alors, seulement, j'ai osé me confier, raconter mon histoire, celle du dernier souffle de la culture khmère, mon histoire conjuguée à celle de l'humanité. Recueilli par ma fille aînée, Sophana, mon témoignage ne se prétend ni dénonciateur, ni informatif, ni analytique, puisqu'il ne parle que de faits qu'on ne peut désormais démentir. Mon récit se veut une humble contribution à la mémoire et à la sensibilité des miens. Une mémoire qui nous concerne tous, car ce génocide ne s'est pas passé « ailleurs » ou « chez les autres » : l'humanité entière en est responsable, car nous l'avons autorisé, chacun à notre niveau et il s'est produit en chacun de nous, à sa façon.

À l'hôpital, le manque de matériel et d'argent rappelle que la corruption est restée, comme à l'époque de Lon Nol*, le pain quotidien de la société : comme la majorité de la population, les docteurs acceptent, eux aussi, des dessous-de-table pour arrondir leur fin de mois. Tant au sein du gouvernement que dans tous les milieux sans exception, la morale laisse désormais place à une corruption généralisée qui semble se calquer sur la politique des années d'avant-guerre de la République lon nolienne. Est-ce naïf de se demander à quoi servent les guerres et les atrocités humaines pour qu'en définitive l'histoire se répète sans fin ?

La corruption, engendrée par une économie qui dépend encore très largement de l'aide internationale, constitue un véritable fléau qui explique les premiers soulèvements révolutionnaires des khmers rouges qui prônaient une société « pure ». C'est en cela que la corruption est, indirectement mais étroitement, liée à toute forme de génocide.

Entre la corruption, les trafics humains et un gouvernement fantoche, je me suis demandé ce que faisaient les magistrats du pays, quand j'ai réalisé sans trop de surprise, que seulement un tiers d'entre eux avaient une formation juridique. Corruption, incurie, soumission à l'exécutif ; la justice de mon pays est elle-même dans un triste état et la faible volonté politique pour réformer le système laisse mal augurer des futurs procès des dirigeants khmers rouges encore en liberté. Sans parler de l'extrême faiblesse des moyens de la justice qui rend de toute façon très difficile la mise en œuvre de réformes.

Si je ne tente pas ici de combattre la corruption et tout ce qu'elle entraîne, j'encourage ceux qui s'y emploient, car pouvoir le faire c'est rendre à l'homme la plus grande des dignités : la morale.

Le Cambodge est aujourd'hui confronté à une série de choix douloureux et je m'interroge souvent sur les contradictions qui existent entre un développement économique étourdissant, la sérénité des temples prestigieux, des paysages dont la beauté vous coupe le souffle et la pesanteur d'une histoire refusée, de ce semblant de sourire qui marque des millions de visages meurtris à jamais. L'époque triomphale du royaume khmer semble aujourd'hui enfouie dans un lointain passé.

2

17 AVRIL 1975, LA CHUTE DE PHNOM PENH

La brume de ce matin s'est dissipée, révélant un ciel d'une blancheur aveuglante ; c'est une chaude journée de printemps qui s'annonce. La fenêtre entrouverte de ma chambre d'hôpital me renvoie le souffle sec et brûlant de l'après-midi. Elle donne vue sur un petit jardin fleuri. En cette saison chaude, les frangipanes se sont épanouies par milliers. Ce sont mes fleurs favorites pour leur élégance et leur parfum délicat et envoûtant. Originaires de l'Amérique lointaine, elles poussent un peu partout au Cambodge. Nous en avions beaucoup dans la cour de récréation du lycée Descartes ; j'en ramenais souvent à la maison après l'école et les cachais dans une petite boîte jaune en inox qui avait pour illustration l'Arc de Triomphe et que père m'avait apportée de France. Si mère me surprenait avec des frangipanes, elle pouvait entrer dans une rage folle. Ma mère est une femme très superstitieuse : d'après une ancienne légende khmère, la frangipane est la fleur des morts et des enfers ; il est dit que tout foyer possédant un frangipanier est maudit à jamais et connaîtra des pertes humaines pendant des générations entières.

L'idée qu'une fleur si délicate puisse avoir tant de pouvoir m'intrigue encore.

À vingt-neuf ans, j'accouche de mon troisième enfant ; une fille que je prénomme Sophana. Je m'arrête sur son visage angélique et les paroles de grand-mère viennent me parler inlassablement. « Les enfants n'appartiennent pas à nous, mères. Accueillir leurs corps et s'approprier leur âme te conduira à leur perte. » Le temps file et s'égare ; je n'ai pas bien la notion de l'heure qu'il peut être. La visite de ma famille me semble plus tardive qu'à l'habitude. Depuis deux jours à Phnom Penh, l'heure est à la fête du nouvel an khmer, mais ce matin, beaucoup de bruits étranges provenant du dehors viennent perturber la paix des lieux ; une euphorie qui m'importe peu puisque mon bonheur, je le tiens entre mes bras ; ma première fille s'est endormie paisiblement après avoir pleuré à plein poumons. Je l'observe en me disant que, dans toute la ville, je suis sans doute la seule à ressentir de la paix en ce moment tragique. Une joie qui s'annonce éphémère mais sereine, une quiétude qui me fait du bien.

En début d'après-midi, Srei Môm, la plus jeune des deux sages-femmes, fait enfin surface. Très étrangement, elle ne porte pas sa blouse blanche et a les cheveux à moitié décoiffés. Elle n'est pas venue m'apporter le repas ni vérifier ma tension, mais m'avertir qu'il me faut quitter les lieux.

– Madame, désolée, nous ne pouvons pas vous garder plus longtemps, les khmers rouges ordonnent à tous les habitants de quitter la ville ; ils disent que les Américains* vont bombarder Phnom Penh !

Que de peur dans une si douce voix et de terreur dans l'expression d'un si joli visage. Bouleversée par la nouvelle, je reste muette et tente de lui cacher ma joie et mon excitation : les khmers rouges vont enfin mettre un terme à cette maudite guerre ! me dis-je.

De cette chambre de l'hôpital Calmette, j'entends au loin, le bruit d'avions tournoyant dans le ciel mêlé à celui d'une fusillade, suivi d'une rafale de mitrailleuse et de balles sifflantes dans un crépitement infernal. Il semble y avoir, dans toute la ville, un affolement général : des hurlements de femmes et d'enfants, un mélange de vacarmes épuisant. Je me rassure en me convainquant que cette violence est sans doute le passage obligé d'un mouvement de libération qui ne peut se faire sans l'usage de la force. Je m'inquiète tout de même pour mère, mes deux fils Pô et Vylunel, ainsi que pour mes frères et sœurs. L'anxiété déstabilise mon esprit et me fait imaginer des choses terribles. Pourvu que rien ne leur soit arrivé.

Cela fait bien six ans que règne une atmosphère de peur et de crime au Cambodge, mais, étrangement, aujourd'hui tout semble bien plus effrayant. Depuis que les Vietcongs[11] ont envahi les terres

11. Vietcong (du vietnamien Viêt-Nam et *Cong-san*, rouge) : nom donné pendant la guerre du Vietnam aux communistes et à leurs alliés, qui se regroupèrent tous en 1960 dans le Front national de libération du Vietnam du Sud.

cambodgiennes, notre pays est devenu la cible des bombardiers américains qui sont en guerre contre le Vietminh ; les Américains ont lancé leurs B52 sur les repaires de la guérilla vietnamienne au Cambodge et ont tué de nombreux civils khmers*. Mon second fils, Vylunel, est né lorsque le maréchal Lon Nol*, soutenu par les Américains, destitua le prince Sihanouk. L'arrivée au monde de mes deux derniers coïncide étrangement avec un événement clef de l'histoire. Aujourd'hui c'est Sophana qui naît avec la libération. D'après les croyances ancestrales, l'enfant qui, par sa naissance, bouscule le cours du monde est un enfant des dieux et de la chance. Après la naissance de Vylunel, notre pays s'est trouvé happé dans l'engrenage du conflit américo-vietnamien et la guerre civile a débuté*. Mon fils cadet n'a, jusqu'à maintenant, connu que l'atmosphère angoissante de la capitale : son petit cerveau est rempli du bruit des grenades causant de nombreuses victimes et du spectacle des boules de feux qui, la nuit, traversent le ciel, laissant derrière elles des traînées écarlates.

En 1972, Lon Nol fut élu président. Cela provoqua les fureurs de mon oncle Tcheuk Heng, professeur à la faculté d'histoire de l'université royale de Phnom Penh, qui s'était engagé à veiller sur nous à la mort de père. Contrairement à sa lignée familiale, il ne s'est jamais engagé dans la politique, préférant s'y intéresser de loin pour mieux la critiquer. C'est lui qui m'a confirmé que Sihanouk, en exil à Pékin, s'était discrètement aligné sur l'insurrection communiste*. Manœuvre qui me sera confirmée par mon frère aîné, *Bong*[12] Long.

Anarchiste, Tcheuk Heng détestait tous les « guignols » de la politique, comme il les appelait : Nixon, Lon Nol, Sihanouk, Khieu Samphan... Il disait du gouvernement de Lon Nol qu'il était corrompu et faible et qu'il autorisait les Américains à bombarder notre pays sans aucun égard pour la population. « ... Cette attitude est caractéristique de la politique de Nixon et de Kissinger en Indochine ! Ton père était sans doute trop jeune pour nous quitter... Hélas... Mais, le chanceux, au moins, n'a connu que les Français ! », poursuivait-il, coléreux. Tcheuk Heng était tellement énervé que le sang lui montait au visage, lui donnant l'air d'un piment rouge sur le point d'exploser.

12. *Bong* : terme pour désigner un grand frère ou une grande sœur.

Dans les provinces, les bombes qui visaient les repères vietcongs ont continué de pleuvoir jusqu'en 1973, tandis qu'à Phnom Penh, la corruption prenait des proportions considérables, gagnant l'armée et de nombreux autres secteurs. J'ai même surpris ma mère en train de donner des pots de vins à la police municipale. L'argent sale et son blanchiment s'étaient banalisés, même pour les plus honnêtes. Avec l'inflation, le riel, la monnaie officielle du pays, perdait de sa valeur et par manque de pouvoir d'achat, les gens devenaient de plus en plus mécontents. Le président n'avait plus le soutien de la population qui se sentait trahie et qui était lasse de l'instabilité du pays. Dans l'autre clan, les khmers rouges, entraînés et armés par les Vietcongs, dominaient progressivement le mouvement de résistance pendant que la fragile république était gangrenée par une corruption quasi-généralisée et de violentes luttes intestines.

Nombre d'étudiants et d'intellectuels rejoignirent alors le PCK, parti communiste khmer*. Je me souviens bien du mécontentement et des émeutes étudiantes pour y avoir pris part lorsque j'étais encore à la faculté des lettres. J'emmenais mon fils aîné, Pô, alors âgé de huit ans, manifester avec moi. J'étais en deuxième année de Deug, une année que je n'ai pas pu terminer à cause du manque de personnel enseignant et des fermetures successives de l'université. L'année suivante, je tombai enceinte de ma fille, mon mari me quitta et, n'envisageant pas de passer les partiels dans de telles conditions, je décidai de ne pas me réinscrire.

« Tu verras, Nary, qu'à cause du régime actuel, une grande partie de la population déracinée, finira par rejoindre la guérilla communiste, je te parle de la bande de Khieu Samphan et ce ne sera pas la fin de la guerre comme on pourrait le croire, mais celle de l'impérialisme ! Il n'y a rien de bon dans tout ça, d'ailleurs moi je préfère partir vivre en France car ce prochain tournant ne me plaît pas. J'ai eu ma dose de déceptions dans ce pays ! Puisque ton père n'est plus là pour décider, je vous conseille à ta mère et à vous autres de me suivre ! »

À travers la frustration de mon oncle, je ressentais celle des pauvres et leur sentiment d'être méprisés. D'un côté, les bombes américaines détruisaient leurs champs, tuaient leur famille et leurs bœufs, et, de l'autre, une idéologie leur promettait la justice par la révolution ; c'était là, je le comprenais, les éléments clefs d'un soulèvement proche et inévitable. J'avais très peur de ce que mon oncle

Heng prévoyait, car généralement ses propos se vérifiaient. Lui et père étaient deux frères très liés, malgré leurs différents tempéraments. Les colères de Tcheuk Heng amusaient souvent l'entourage, mais cela n'empêchait pas le respect à son égard car tout le monde savait qu'il était extrêmement intelligent et intuitif. Il avait aussi une sorte de liberté intérieure qui attirait, une aisance et une grâce particulière que j'avais du mal à associer à son corps massif et imposant. Tcheuk Heng et *Bong* Long étaient les seuls à m'instruire sur les dangers et les revers de la scène politique. Maintenant qu'oncle est parti à Paris, il n'y aura plus que mon grand frère pour m'éduquer.

Bong Long, étudiant en sciences politiques, savait toujours tout avant les autres, et ne manquait jamais de me mettre au courant de toute affaire en cours. Je l'ai questionné à propos de Khieu Samphan, l'ancien député de gauche qui est la figure du PCK, le nouveau parti cambodgien révolutionnaire, un parti ouvrier marxiste, fondé en 1960, et qui comptait déjà des milliers d'adhérents parmi la jeunesse des campagnes. Il semblerait, d'après *Bong* Long, que c'est au moment des accords de Paris, lorsque les troupes nord-vietnamiennes se retirèrent partiellement de nos terres, que Khieu Samphan, soutenu par Pékin, solidifia pour de bon cette armée secrète dont Sihanouk connaissait l'existence. Mon frère pensait que le roi qui cherchait à reconquérir le pouvoir ne tarderait pas à traiter avec le diable. Cela se vérifiera effectivement ; Sihanouk prit le maquis et s'allia alors avec les communistes cambodgiens. Ensemble, ils créèrent le Front Uni National du Kampuchéa (FUNK)* et formèrent le Gouvernement Royal d'Union Nationale du Kampuchéa (GRUNK)*, composé de partisans du roi et de khmers rouges. Cette coopération malhonnête et jugée comme la plus grande erreur et lâcheté du roi, qui tentera par tous les moyens de se défaire de cette image embarrassante, suscitera non seulement le mépris de ses alliés qui profiteront de sa faiblesse et l'emprisonneront, mais indignera plus tard le monde entier, en particulier les rescapés de l'holocauste, sans parler de mon vieil oncle Heng !

Bong Long en savait long sur les facettes cachées de la scène politique, les failles, les alliances, les mensonges, les dessous de table et je le soupçonnais parfois de travailler pour les services secrets de la CIA qui, à l'époque, infiltraient tous les réseaux. J'aimais lui donner cette image intrigante qui correspondait à son personnage.

L'assemblée des khmers rouges, composée pour la plupart de jeunes paysans illettrés de la ligne Beng-Mealea-Rovieng, régions reculées du nord du pays, se signala au public en lançant sa première offensive contre les troupes de Lon Nol en 1973. La répression fut brutale et, au mois de janvier de cette année, un communiqué de l'ambassade américaine à Phnom Penh au département d'État à Washington fut diffusé dans les médias : il annonçait « *l'entrée explosive des khmers rouges autour de la capitale* ». Ces derniers avaient réussi à immobiliser la brigade gouvernementale sur la rive droite du Mékong et coupé la route n° 1 adjacente dans le resserrement du fleuve.

Certes, Tcheuk Heng m'avait prévenu du danger des khmers rouges et je me méfiais des partisans, encore mal connus du peuple, mais, comme bon nombre de gens las de la guerre et du gouvernement de Lon Nol, je me réjouissais de leur avancée vers la capitale. Je n'étais pas communiste, mais je voulais croire en ce groupe nationaliste d'opposition, espérant que la résistance apporterait au pays une nouvelle ère de paix et d'entente.

Sous l'influence de *Bong* Long et depuis la mort de père, je m'intéressais sérieusement à la politique car je voulais comprendre les raisons pour lesquelles père ne m'en parlait pas ou peu. Bien souvent, les complications de la scène gouvernementale me dépassaient, et comme le petit peuple, je ne supportais plus les beaux discours, la violence et l'atmosphère d'insécurité qui règnait depuis si longtemps dans le pays. Les Phnom Penhnois attendaient désespérément leur sauveur. Tout semblait alors beau lorsque, sur les journaux clandestins, les khmers rouges promettaient la vie facile, sans augmentation de prix, au sein d'une nouvelle société unie et de partage. J'avoue avoir, jusqu'à ce jour, attendu impatiemment leur ascension car j'espérais un changement réel et définitif. La sûreté de ma famille me préoccupait avant tout et j'aspirais au retour de la paix pour que mes fils puissent enfin se promener dans les rues, en toute tranquillité, aller à l'école et construire un avenir stable.

Nous étions neuf enfants à la maison dont sept filles. Père n'a jamais fait de différence entre nous : tous, et chacun à notre tour, il nous emmenait dans ses nombreux déplacements vers l'étranger. Mère, quant à elle, a toujours préféré mes frères. Cela m'a souvent rendu très jalouse et fait beaucoup de peine.

Père partageait aussi avec nous sa passion de la culture du thé et son amour des lettres. Seule Sorya, ma sœur cadette, n'a jamais pris l'avion ni le bateau de sa vie : à l'époque, elle était trop petite pour suivre père dans ses voyages. Mon deuxième frère, *Bong* Boreï, et moi étions les seuls à avoir hérité de père un intérêt pour l'écriture ; à chacun de nous deux, il a donc offert un journal maroquin. Je n'y ai encore rien inscrit jusqu'à ce jour, car je le trouve trop beau et trop précieux pour l'abîmer de mon horrible écriture en forme de pattes d'oie. Je redoute la vision de ces mots maladroits et raturés, soulignant mes incertitudes, le désaccord entre mon esprit et la transcription, qui me pousseraient à déchirer violemment la page révélatrice de mon échec. Et cette page laisserait, derrière elle, un vide dans la reliure, comme un rappel vengeur de mes tentatives maladroites.

Mon frère a déjà utilisé le sien, l'infâme, et s'en sert comme un cahier de brouillon pour y inscrire, à la volée, notes et inspirations qui serviront de base à son premier roman. Le sujet traite de la vie torturée d'un apprenti peintre français. *Bong* Boreï, étudiant en psychologie, associe mon besoin obsessionnel de la pureté, qu'il me dit préoccupant, avec l'intériorisation d'un manque d'ordre dans ma vie et le besoin vital de contrôler celle-ci. Je ne peux nier la pertinence de son analyse, mais quelles que soient les raisons de mon déséquilibre, j'attends toujours le bon moment pour utiliser mon journal ! J'espère toujours l'événement exceptionnel afin que s'établisse entre le journal et moi, ce lien personnel qui en fera LE carnet intime tant attendu. Cela reflète-t-il un manque d'amour ? Une incapacité d'aimer ? J'attends depuis douze ans, et *Bong* Boreï a toutes les raisons de s'inquiéter de mon cas !

La chaleur moite est devenue presque étouffante. L'air épais et poisseux qui semble sur le point de se changer en boue m'envahit et trempe mes vêtements dans une sueur désagréable. La ventilation s'est arrêtée. Je m'imprègne le visage d'une serviette mouillée d'eau froide, bientôt tiède.

Un désordre inhabituel s'entend maintenant à l'intérieur des blocs hospitaliers : dans un éparpillement désordonné, phêt Calmette semble se vider de ses malades et de son corps médical.

À mon chevet, le vieux poste de radio que père ne quittait jamais et dont l'antenne, à force de la tirer, s'est complètement tordue.

Mon fils Pô, qui aime tant régler le problème des autres, l'a fixé maladroitement. En cherchant les fréquences, les ondes grésillent, mais aucune chaîne ne se fait entendre. La radio semble coupée. Même la chaîne clandestine du PCK, le parti communiste khmer, qui annonçait hier la libération proche de Phnom Penh par les forces armées de libération nationale du peuple cambodgien, s'est tue. Ma sœur Sorya m'apprendra plus tard que le régime antipopulaire de Lon Nol venait d'être renversé et que Khieu Samphan avait pris la tête de l'État. Les khmers rouges armés, entrés à la première heure dans la capitale, brandissent des drapeaux blancs sous l'acclamation générale de la population qui, sortie en masse dans les rues, croyait au retour de la paix et hurlait sa joie. « C'est la fin de la guerre ! », s'écriait-on à tous les coins de rues. Une mascarade de soldats en noir donnait spectacle sous l'exaltation partagée d'une assemblée « d'imbéciles », assoiffés de paix. Les hommes jetèrent au ciel leurs chemises et les femmes des fleurs ou des tissus de couleurs. Phnom Penh croyait fermement à la libération acquise avec la fin de la guerre et adulait ses héros. L'euphorie était à son comble, mais le délire populaire durera jusqu'à ce qu'une fusillade éparpille la foule dans un affolement général.

Cela explique tous les bruits matinaux qui m'intriguaient tant. La joie, annoncée ce matin, a fait place à des corps gisant maintenant sur les chaussées au milieu de flaques de sang. Des balles sifflent dans toutes les directions et des incendies embrasent la ville. Les khmers rouges, nos prétendus libérateurs, en qui j'avais mis tout espoir, obligent les habitants à quitter Phnom Penh, exécutant ceux qui refusent d'obéir. Ils affirment que les Américains sont sur le point de bombarder la capitale et qu'il faut l'évacuer. Les habitants, crédules, en sont convaincus à cause des étranges avions qui couvrent le ciel et tournoient sans interruption depuis ce matin. Ce retour de la paix a le goût du doute. Bien que je ne comprenne pas ce qui se passe réellement, je ne crois pas un instant à ces discours mensongers. *Bong* Long, bien informé, m'a mise au courant de la complexité du mouvement des khmers rouges, mais son analyse ne m'a pas éclairée sur les véritables motivations qui se cachaient derrière ce parti d'opposition dont l'attitude ne coïncide pas avec les événements attendus. Tcheuk Heng, qui a quitté le pays en février, semblait au contraire avoir envisagé tout cela très clairement. Il n'avait pas tort sur le fait que les partisans révolutionnaires sont d'anciens paysans hostiles au gouvernement de Lon Nol et aux Américains qui bombardaient leurs terres. Mais pourquoi s'en prennent-ils à la population innocente ? Il n'y a qu'une explication plausible : et si mon oncle avait vraiment raison ? et si ces révolutionnaires n'étaient pas venus pour mettre fin à la guerre et apporter la paix, mais pour instaurer l'idéologie communiste au sein du peuple, en l'imposant de force et en éliminant les gens des villes, les impérialistes, les nobles et les bourgeois, à la façon des Russes qui, au nom de la lutte contre le nazisme, occupèrent et assujétirent une partie de l'Europe. Chose impossible à mes yeux et pourtant la seule à expliquer ce désordre incompréhensible.

À ma surprise, Srei Môm revient affolée, plus inquiétante encore que la cohue extérieure.

– Madame, les appels à l'évacuation se font maintenant pressants, je vous conseille vivement de partir ! Les soldats sont devenus très menaçants, ils n'hésitent pas à ouvrir le feu sur les gens ! Ils sont déjà en train de vider l'ambassade française et ne vont pas tarder à venir ici !

J'avais songé à me réfugier dans l'ambassade qui se trouve à quelques mètres de l'hôpital et à demander un visa pour partir vers la France, mais son obtention est trop longue. J'aurais dû écouter les conseils de mon oncle, et m'y prendre bien avant. S'il nous faut quitter la ville, je pense que mère décidera d'aller à Kompong Cham, dans sa province natale. La demeure familiale aurait besoin d'un rafraîchissement, mais elle conviendra en attendant. Perdue dans des pensées confuses, je demeure impassible, allongée auprès de Sophana, et je prétends ignorer la sage-femme tout en fixant la fenêtre. J'attends que ma famille vienne me chercher, refusant de quitter les lieux sans elle. J'espère que *Bong* Long viendra lui aussi. J'ai tellement d'explications à lui demander ! Je suis travaillée par toutes ces interrogations qui ne trouvent pas leurs réponses. Sreï Môm se désole de me voir rester passive et immobile. Elle s'impatiente et me jette un regard énervé :

– Même les plus grands malades sont partis dans leurs lits roulants, leurs perfusions au bras ! me prévient-elle en me regardant avec désolation avant de se précipiter dans le couloir pour disparaître.

Malgré la situation dramatique, seule et isolée, je me sens pourtant en sécurité entre ces murs bleus.

Album de famille

Lôk Yeâh, la grand-mère de Nary. (Coll. privée)

Stupa de la mère de Nary et cérémonie bouddhiste. (Photo Stefan Breuillard)

Obsèques du père de Nary. (Coll. privée)

Pô à l'âge de sept ans,
avec son chien « Joyau ».
(coll. privée)

Berges du Tonlé Sap
où Nary faillit se noyer.
(Photo Stefan Breuillard)

Un moine bouddhiste
ressemblant à celui
qui sauva Nary
de la noyade.
(Photo Stefan Breuillard)

Sophana et Vylunel autour de leur grand-mère. (Coll. privée)

Camp de réfugiés.
Au premier plan : Sophana et Vylunel. (coll. privée)

Phnom Penh avant la chute

Lon Nol lisant un discours. (Photo DC-Cam)

Cortège officiel devant le marché olympique. (Photo DC-Cam)

Timbre des années 1950, à l'effigie du jeune Norodom Sihanouk. (Photo Circa)

Le prince Norodom Sihanouk avec la délégation chinoise. (Photo Circa)

Cortège officiel devant Wat-Phnom. (Photo DC-Cam)

Danse apsarienne. (Photo DC-Cam)

Jeune danseuse.
(Photo Circa)

Course de canots sur le Tonlé Sap
lors de la Fête nationale des eaux. (Photo DC-Cam)

17 avril 1975, entrée des khmers rouges dans Phnom Penh, acclamés par la population.

(Photo DC-Cam)

Soldats khmers rouges célébrant leur victoire.
(Photos DC-Cam)

Les khmers rouges
investissent Phnom Penh. (Photos DC-Cam)

Un soldat khmer rouge
détruisant les archives
de la Banque nationale
du Cambodge. (Photo DC-Cam)

Les chefs khmers rouges

Les dignitaires khmers rouges. *De gauche à droite* : Pol Pot, Nuon Chea, Ieng Sary, Son Sen et Vorn Veth. (Photo DC-Cam)

Buste de Pol Pot. Comme tous les dictateurs sanguinaires, Pol Pot rêvait de se voir statufié. L'œuvre rappelle la figure du Grand Timonier que « Frère numéro 1 » affectionnait particulièrement. (Photo DC-Cam)

Son Sen.
Proche conseiller de Pol Pot.
(Photo DC-Cam)

Les dignitaires khmers rouges en déplacement.
À gauche, au premier plan, Pol Pot ; *derrière lui* Nuon Chea,
et *à droite, face à lui,* Ta Mok, dit « le boucher ». (Photo DC-Cam)

Ta Mok en 1980. (Photo DC-Cam)

Ieng Thirith en 1996. (Photo DC-Cam)

Les dignitaires khmers rouges recevant une délégation chinoise à l'aéroport de Phnom Penh. *Au centre*, Nuon Chea, *à sa gauche* Pol Pot ; *au second plan*, derrière Nuon Chea, Khier Ponary, la première femme de Pol Pot, *à sa gauche*, Vorn Veth, puis Ieng Sary, à demi caché, et deux femmes responsables khmères rouges : Yon Yat et Ieng Thirith. (Photo DC-Cam)

Ieng Sary à l'époque du régime khmer rouge. (Photo DC-Cam)

Ieng Sary en 1996.
(Photo Youk Chhang)

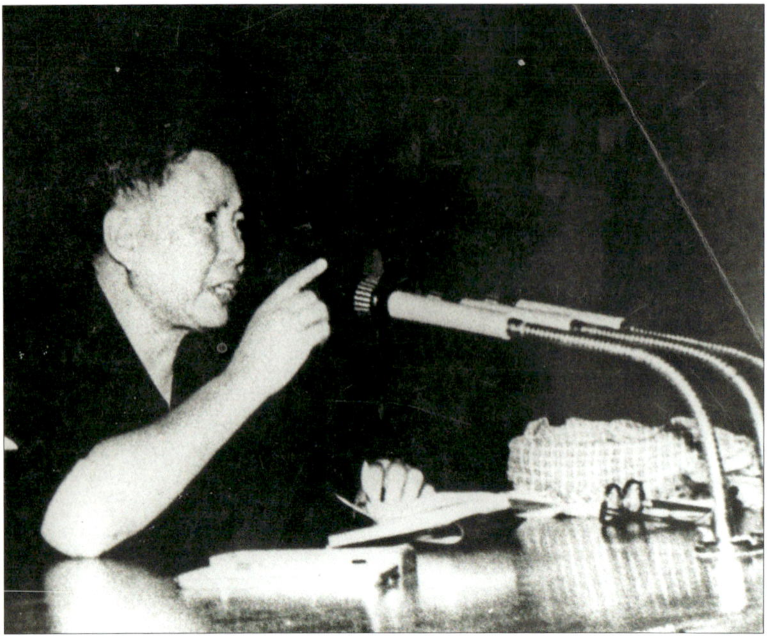

Pol Pot à la radio. (Photo DC-Cam)

Ne Nin et Khieu Samphan
lors de la visite d'une délégation birmane. (Photo DC-Cam)

khieu Samphan, photo actuelle. (Photo DC-Cam)

Pol Pot félicitant des cadres khmers rouges. (Photo DC-Cam)

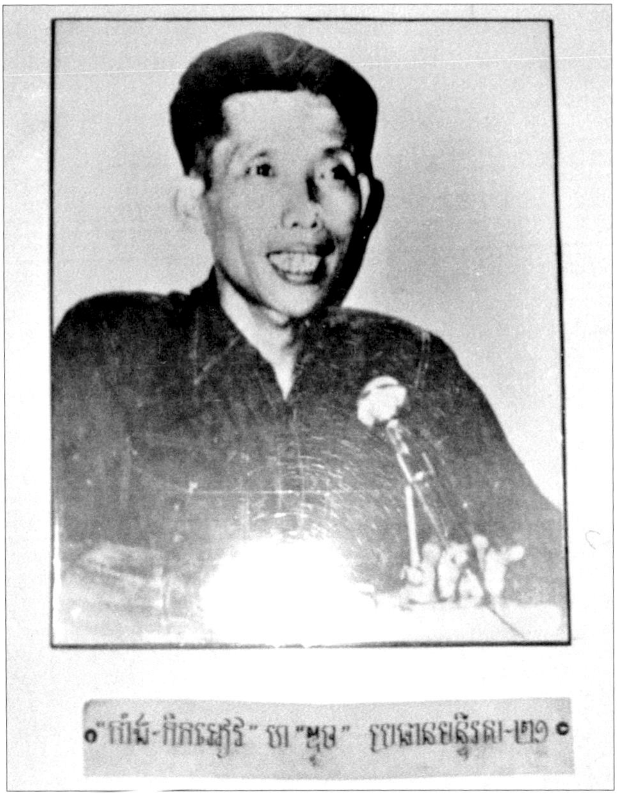

Duch, commandant de la prison
de Tuol Sleng, au micro. (Photo DC-Cam)

Jeunes recrues khmères rouges

Enfants soldats à l'entraînement. (Photo DC-Cam)

Jeunes combattants khmers rouges.
(Photos DC-Cam)

Quelques jeunes khmers rouges formatés par l'idéologie « révolutionnaire ». (Photos DC-Cam)

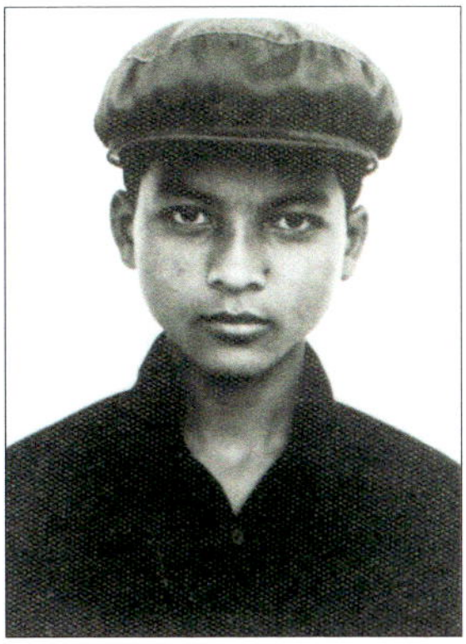

Le camarade Tum Sat.

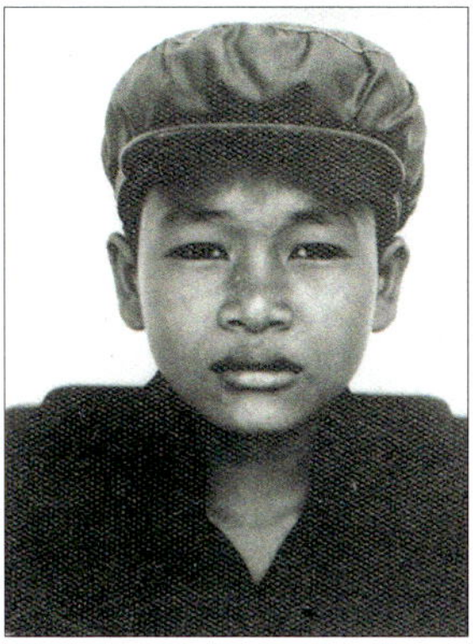

Le camarade Mit Met, en 1977.

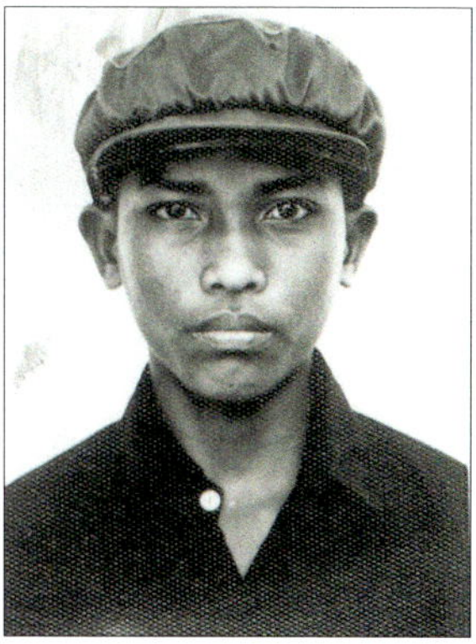

Le camarade Bun Cuing

Le camarade Heng Yong.

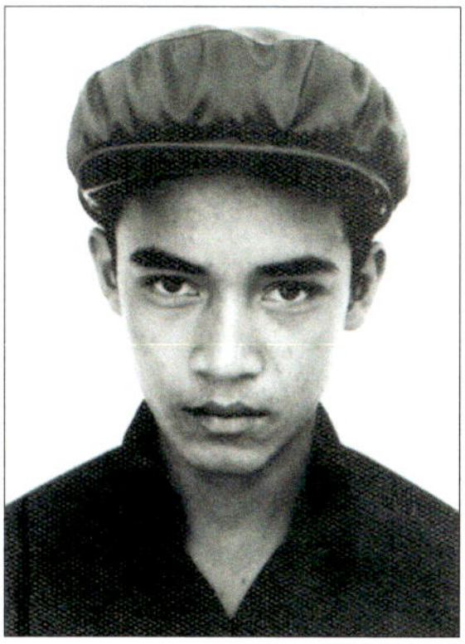

Le camarade Tang Hakk.

Le camarade Ean Chhoan.

Le camarade Mil Mon.

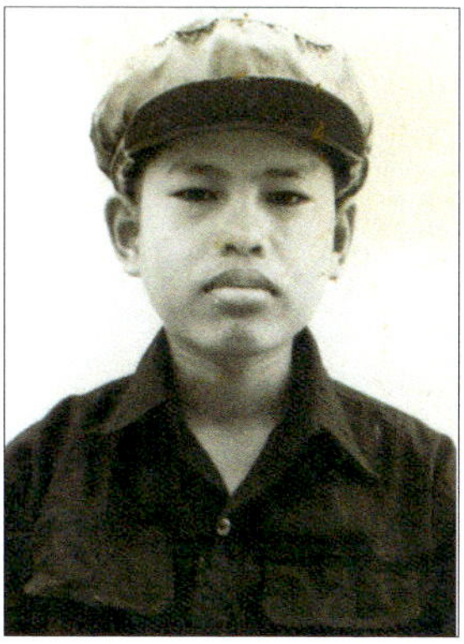

Le camarade Hean Chhan.

Soldats khmers rouges.
(Photos DC-Cam)

Jeunes cadres durant une réunion de propagande. (Photo Circa)

– Tout ira bien Sophana, maman est là, je te promets que personne ne te fera de mal, dis-je tendrement à ma fille.

Il est 17 heures passées, la fatigue atteint tous mes membres. Bien que j'aie du mal à sortir du lit, je me résous à préparer du thé vert importé des régions productrices des environs de Ning-Po, en Chine, où l'on cultive les variétés les plus fines. Mère a pris le soin de m'acheter un petit chauffe-plat à pétrole qui me sert à préparer mes repas à l'hôpital. Père disait que, pour lutter contre la chaleur, il faut toujours boire une boisson chaude de telle sorte que la température interne de notre corps puisse s'adapter aux saisons chaudes. Mon père, d'origine chinoise, était un grand buveur de thés. Une fois, il s'est rendu dans la région de thé vert de Hwuy-Chow qui se trouve au nord de Shanghai pour en rapporter de rares graines et plants d'arbustes à thés qu'il prenait soin de surveiller jalousement et de faire pousser dans une petite serre. Outre son amour de l'écriture, il avait développé cette grande passion du thé : il m'avait un jour parlé d'une plaine de l'Himalaya appelée Darjeeling, réputée pour le fameux thé des Anglo-Saxons où il voulait absolument se rendre avant sa mort. Mais père n'a jamais pu réaliser ce rêve.

Il paraît que cette vallée se pare, au printemps, d'une beauté extraordinaire lorsque les orchidées et autres fleurs sauvages d'altitude s'épanouissent le long des routes de montagne. C'est sans doute là que se trouve le vallon solitaire et calme que père décrivait avec tant de poésie dans son journal que je lisais secrètement : un lieu perché au-dessus des nuages, vierge de souffrances, où les hommes pratiquent la sagesse du *Dharma*[13] et préfèrent les avantages de la nature à ceux de la fortune. Au lycée, le professeur de géographie nous avait montré l'emplacement de cette région enneigée. Mais il est difficile pour nous, les Asiatiques, de concevoir le froid des hivers himalayens. Je n'ai jamais vu la neige puisque père ne m'a emmené à Paris qu'au printemps européen, qui correspond à notre saison chaude. Il disait que le froid hivernal est bien trop rigoureux pour nous, Orientaux.

J'imagine parfois la terre de France recouverte de son manteau blanc, à l'image de cette vieille carte postale représentant un paysage de neige à Louveciennes que ma marraine, Dany Gilbert, nous

13. *Dharma* (mot sanscrit) : dans l'hindouisme et le bouddhisme, loi universelle régissant l'ordre des êtres et des choses.

avait envoyée de Vendée. Et cela me procure toujours une certaine nostalgie, comme si l'endroit m'était en quelque sorte familier, comme si j'allais un jour vivre dans le pays du froid.

Les accords de 1953 mirent fin au protectorat* et, l'année suivante, les troupes françaises se retirèrent définitivement du Cambodge. La guerre coloniale en Indochine était enfin terminée. Mon père fut nommé conseiller de la chambre du ministre de l'Éducation et de la Culture sous le Sangkum Reastr Niyum[14], un système fondé par le prince Sihanouk qui rassemblait les partis royalistes et socialistes. Père se contentait d'accomplir les obligations auxquelles il était soumis. Il n'aimait pas discuter de la politique et ne me parlait jamais de son travail. Lorsque je le questionnais, il se contentait juste de répondre : « C'est un petit monde bien turbulent que celui de la politique ! » C'est en 1961, à la mort du roi Norodom Suramarit, que père quitta définitivement ses fonctions au sein du gouvernement, au désarroi de mère qui ne niait pas aimer le pouvoir. Dès lors, il se voua à ses deux passions : le thé et l'écriture. Père pensait que le roi Suramarit, père de Sihanouk et figure paternelle du peuple, était le seul élément de stabilité du pays et qu'avec sa mort disparaîtrait la paix. J'avais quinze ans et, à l'époque, la mort du roi ne m'avait nullement affecté, au contraire même puisque je profitais ainsi de la présence de père à la maison. J'ai admiré mon père jusqu'à la fin de sa vie, et l'admire encore, lui ayant même pardonné mon mariage arrangé avec Soï.

En avance sur leur temps, mes parents ne m'ont mariée qu'à l'âge de seize ans. Certaines filles connaissent les déboires de la vie conjugale bien plus jeune, dès l'apparition de leurs premières règles, signe de la fécondité qui autorisait les adultes à disposer de nos destins. Père décéda deux années plus tard, la plume à la main, à la veille de mon anniversaire, d'une tumeur cérébrale, bien avant de me savoir malheureuse. Je ne sais pourquoi l'encre de Chine asséchée sur le stylo, qu'il tenait au moment de sa mort, est une image qui marque encore mon esprit. J'imagine la pointe grincer bruyamment sur du papier recyclé, le seul support que père aimait utiliser. Je me suis persuadée que père s'apprêtait à m'écrire une lettre d'adieu. Je n'ai rien gardé de lui à l'exception du journal et de cette page blanche sur

14. Sangkum Reastr Niyum : communauté socialiste populaire, mouvement fondé par Norodom Sihanouk après son abdication en 1955.

laquelle j'inscris en pensée la plus belle lettre d'amour d'un homme à sa fille. Sa mort brutale et tragique m'a laissé l'image d'un écrivain torturé qui affirmait toujours ne pas comprendre ses propres écrits. C'est peut-être dans la vie de père que *Bong* Boreï trouve l'inspiration pour son roman, mais je me demande s'il parviendra un jour à le faire publier. Il aura peut-être plus de chance à Paris, car, au Cambodge, depuis l'indépendance, nous sommes la dernière génération à parler et écrire couramment le français.

Mon mari, Soï, fils paresseux de riches propriétaires, a quitté la maison depuis plus d'un trimestre, m'annonçant son départ pour la Thaïlande en voyage officiel. Je n'ai pas eu de nouvelles, depuis. C'est un personnage au magnétisme charlatanesque, un homme à femmes, qui aimait le luxe et les plaisirs de la vie. Les commères du quartier se plaisent à raconter qu'il est allé retrouver sa deuxième maîtresse, me laissant seule avec nos trois enfants. Elles disent aussi que, dans chaque pays qu'il visite, il fonde une famille pour aussitôt l'abandonner. Nos familles respectives nous avaient mariés par intérêt : moi pour l'argent et la sécurité, lui pour le pouvoir et le prestige de notre nom. Je l'ai détesté dès le premier jour de notre mariage et, malgré mes constants efforts et les encouragements de mère, je ne suis jamais parvenue à l'aimer. Sans doute ne connaîtra-il jamais sa fille Sophana.

À vingt-neuf ans, j'ai l'impression de laisser une vie mourir derrière moi.

Aussi loin que je me souvienne, le visage de ma vieille grand-mère *Lôk Yeâh*[15] était, à mon réveil, penché sur mon berceau. C'est maintenant à mon tour de me pencher sur mon bébé dont le visage angélique s'est affreusement contracté, comme si l'esprit de Sophana était en proie aux démons intérieurs, me signifiant qu'elle n'a jamais désiré cette existence. Elle se met à hurler : ses pleurs et ses mouvements de poings m'effraient. Puis, fatiguée de crier, elle finit par s'apaiser.

Je suis née dans la joie et la fête, les gens se réunissant autour de mon berceau pour m'admirer et me pincer les joues. Selon une croyance ancestrale, on m'appelait « la vilaine ! » pour écarter les

15. *Lôk Yeâh* (au masculin : *Lôk Tâh*) : terme honorifique khmer pour désigner une personne âgée.

mauvais génies qui auraient pu vouloir s'emparer du nouveau-né. Sophana, elle, est née seule et en colère. Elle se rendort comme une grenade dégoupillée. Grand-mère disait qu'aucun être ne peut choisir ses incarnations et que le cycle de nos naissances et de nos morts ne tient qu'à nos actes passés.

Sans que je puisse en deviner l'origine, une peur étrange me saisit. M'acharnant à la contenir, j'étouffe ma frayeur dans le silence de la pièce. J'aimerais chasser ces idées noires ou faire part de mon angoisse à quelqu'un, mais je me sens terriblement seule et ne parviens pas à retenir les larmes et les sanglots qui se bousculent dans ma gorge. Cette pièce me paraît hostile. Dans ma détresse, j'ai l'impression d'entendre des voix, d'apercevoir des ombres et des formes, d'être observée par les « invisibles » et les « impalpables ». J'ai une grande peur des génies et des fantômes, et les légendes khmères que grand-mère me contait continuent à m'angoisser.

De son vivant, Lôk Yeâh, passait ses journées auprès de sa chatte Jade, à tirer ses vieilles cartes de tarots et à mâcher du bétel, sorte de mélange de tabac et de racine qui rendait ses dents et ses lèvres rouge-ocre. En rentrant de l'école, j'aimais me coucher auprès d'elle sur son *keutel*[16] ou dans son hamac. Lorsque je l'enlaçais dans le hamac, Lôk Yeâh me balançait doucement de son pied droit collé au parquet et me racontait, toujours d'une voix grave et étonnée, les mêmes contes khmers ou des légendes d'ailleurs qui me fascinaient ; j'écoutais alors ses récits, le cœur palpitant, serrant le félin fétiche entre mes bras et la maigre poitrine de Lôk Yeâh.

Jade était une siamoise d'espèce rare que grand-père rapporta d'une enchère de Thaïlande ; elle ressemblait à ces chats de l'ancienne Égypte figurant sur le livre illustré de l'école que j'aimais feuilleter. L'image qui m'a le plus marquée fut celle de la déesse Bastet, chatte de la Basse Époque représentée par une statuette de bronze en position assise et incarnant la femme du Dieu Soleil, Râ. Lôk Yeâh me disait qu'à cette époque, le chat fut honoré, voire déifié et que par son physique, ses yeux et ses attitudes, il symbolisait la beauté, la séduction et l'intelligence de la femme. Comme la déesse Bastet, Jade avait la fourrure noire, vaguement cendrée, très courte, fine et bril-

16. *Keutel* : tapisserie nattée de paille, posée au sol pour s'asseoir, manger ou s'allonger. C'est une vraie pièce de vannerie, de dimension variable, tressée avec des joncs.

lante, son corps était long et svelte tel celui d'une danseuse de ballet classique. Jade avait ses humeurs et pouvait être aussi affectueuse que distante, intraitable, capricieuse ou fantasque. Avec elle, il n'était jamais question de hiérarchie, elle était son propre maître.

Ses yeux expressifs, vert émeraude, me fixaient souvent très intensément comme pour me prévenir d'une chose terrible. Cela angoissait pleinement mon esprit d'enfant et me laissait préoccupée pendant de longues heures. Grand-mère considérait Jade comme sacrée et ne permettait jamais à quiconque de l'ennuyer. Mes frères n'avaient même pas le droit de la caresser à cause de leur brutale maladresse. Lôk Yeâh confirmait que Jade ressentait nos émotions et pouvait anticiper nos actes, voire nos destinés. Toute la famille et le voisinage vivaient dans la peur des prédictions du « sorcier félin ».

Lôk Yeâh était une dame aimante, économe de ses mots, imperturbable et quelque peu sorcière, elle aussi. À 87 ans, elle savourait une sérénité durement conquise sans s'attarder un instant sur un trop douloureux passé. Pieuse, et originaire de Oudong, l'ancienne capitale royale, elle se prétendait la descendante d'une lignée d'oracles remontant jusqu'au règne du roi Ang Duong, le divin héros des livres d'histoire qui a encouragé les bonzes[17] à créer des écoles et qui a lutté contre l'esclavage et pour les droits de l'homme. Au quartier chic de la rue Pasteur où nous résidions, elle était connue et respectée de tout le voisinage pour sa grande sagesse et ses dons de voyance. Les gens venaient souvent frapper à sa porte mais, le plus souvent, Lôk Yeâh refusait de prédire leur avenir ; si, par chance, elle acceptait, elle ne leur demandait pas de payer.

Si, dans mes moments difficiles, grand-mère trouvait toujours les mots pour me rassurer ou m'apaiser, sa chatte au contraire venait souvent me perturber de son regard perçant. Je ne sais pas ce que je voyais dans les yeux de la bête : une sorte d'interpellation muette, sinon d'incompréhension qui me bouleversait profondément.

Durant les quarante-neuf jours qui suivirent la mort de grand-mère, nous aperçûmes plusieurs arcs-en-ciel autour de notre demeure. Le patriarche du roi, *Lôk Tâh*[18] Boukrima qui, à cette

17. Bonzes : religieux qui prennent la robe des moines bouddhistes après avoir fait les vœux du *boddhisatva*.

18. *Lôk Tâh* (au féminin *Lôk Yeâh*) : Terme honorifique khmer pour désigner une personne âgée.

période, guidait les cérémonies et rituels bouddhistes à la maison, m'a alors expliqué que cela se produit lorsqu'une personne atteint un certain niveau spirituel.

« Les arcs-en-ciel ne sont qu'un des signes de sa bénédiction. D'autres êtres à la perception pure témoignent de phénomènes bien plus miraculeux. »

À l'époque je ne comprenais pas de quoi le saint vieillard parlait et ne croyais d'ailleurs pas à la réincarnation, ni à aucune autre naïveté, mais j'avoue que, ce jour-là, je n'ai pu m'empêcher d'espérer quelque chose, l'espace d'un moment.

À la demande de grand-mère, Jade eut des funérailles dignes d'une princesse : après son incinération, ses cendres furent conservées dans un vase en marbre dont le couvercle fut doré à l'or fin. Lôk Yeâh avait la conviction que la vie continue après la mort et affirmait que Jade se réincarnerait en être humain dans sa vie prochaine. Aujourd'hui encore, le très beau *stupa*[19] de l'animal qui fit bien des jaloux, repose auprès de celui de Lôk Yeâh sur la colline du Wat Cholir Chorcha qui borde les berges du Mékong.

Je me lève avec peine et me traîne vers la fenêtre du couloir qui donne au loin sur la gare ferroviaire pour constater avec effroi le déplacement d'une masse humaine à perte de vue. Je ne peux m'empêcher d'associer la tragédie d'aujourd'hui à la vérité des prédictions du félin. Comme une drogue me montant au cerveau, le souvenir des miaulements de l'animal et l'expression effrayante de son regard me hantent l'esprit : je me sens rapidement submergée d'angoisse. Avec impatience, je guette l'arrivée des miens pour sortir de ces murs qui, dorénavant, m'oppressent. L'attente me paraît interminable.

19. *Stupa* : caveau ou stèle.

3

Le grand départ

Mère, mes deux garçons et ma sœur cadette Sorya arrivent en début de soirée tandis que les autres membres de ma famille ont déjà quitté la ville. Je suis triste et déçue de savoir que *Bong* Long n'a pas daigné nous attendre et est parti sans nous. Bien plus tard, mère m'avouera qu'il fut arrêté et emmené par les khmers rouges. Inscrit sur leur liste noire, on retrouvera sa photo et son nom parmi ceux des détenus morts à Tuol Sleng, ancienne école transformée en centre de détention des révolutionnaires.

En quelques minutes, je me retrouve précipitée vers l'extérieur de l'hôpital puis bousculée sur le boulevard Monivong où les gens se ruent comme des cafards dans un mouvement désordonné. Des chars et des camions militaires occupent les chaussées, des corps d'hommes, de femmes, d'enfants et de vieillards gisent à même le sol ; fusillés, brûlés ou écrasés par des véhicules. Sur la place du marché Central qui s'emplit de fumée, de grosses flammes orangées claquent comme des mines et une mitrailleuse provenant du toit d'un immeuble colonial se met à tirer en l'air par courtes rafales, rageuse et solitaire, bruit distinct du vacarme ambiant. Un adolescent coiffé d'une casquette Mao braque un M79 sur une rangée de personnes immobilisées par la peur tandis qu'un enfant soldat tire à l'aveugle sur deux garçons qui sont entrés dans une maison en quête de provisions pour l'exode. Certains khmers rouges adultes feignent de rassurer les citadins, promettant de protéger les demeures, le temps du retour au calme. Mais il y a derrière leurs paroles un ton autoritaire et menaçant, plutôt méprisant. Les khmers rouges ne pilleront pas la ville mais la casseront par la volonté systématique et raisonné de détruire tout ce qui véhicule les idées jugées par eux féodales ou venant d'Occident. Les soldats qui ont pris possession de Phnom Penh sont en majorité de très jeunes paysans, particulièrement frustres, originaires pour l'essentiel des bas-plateaux septentrionaux du Cambodge du Nord, de Beng Malea-Rovieng. Ils étaient ce qu'on appelait les khmers « souches » du pays. Illettrés et ignorants, il avait été facile de leur inculquer la haine des citadins. Tout ce que m'avaient expliqué Tcheuk Heng et *Bong* Long se confirme aujourd'hui sous mes yeux.

Phnom Penh, méconnaissable, a changé d'aspect ; dans la frénésie la plus totale elle se déchire, s'émiette et n'est plus désormais qu'un lieu de cauchemars. Je me dis que ce n'est qu'un mauvais rêve et que je vais finir par me réveiller. Mais lorsque mes yeux s'ouvrent, mon regard se pose sur un grand boulevard grouillant de monde : une foule compacte et désordonnée qui se dirige vers différentes sorties de la ville. Une déportation de la population citadine a lieu devant mes yeux ! Je réalise alors que les khmers rouges appliquent à la lettre une doctrine intégrant les données de base du communisme traditionnel auxquelles ils ajoutent les « spécificités » de la révolution culturelle : une rééducation des masses dans d'immenses chantiers, la première étape étant leur déportation vers les campagnes.

Autrefois, Lôk Yeâh me disait d'éviter de m'attacher à quoi que ce soit à cause de l'instabilité des choses. « Une rose qui s'épanouit finira par faner, un empire glorieux par succomber, un ami deviendra un rival juré. Il y a un temps pour tout et rien dans la vie ne dure », expliquait-elle tout simplement à sa petite fille de onze ans. À cette époque, je me plaisais à écouter grand-mère parler, plus pour l'assurance qu'elle me procurait que pour l'humanité de ses propos dont je ne comprenais pas toujours le sens véritable.

Jusqu'à ce jour, je n'avais jamais osé songer à l'instabilité permanente de toute chose. Le plus dur n'étant pas le changement mais le processus du lâcher-prise, alors que nous sommes tout attachés aux choses, entraînés par leur appropriation et la peur de les perdre. Ma ville, ce bel endroit où j'ai grandi dans une bourgeoisie khmère que j'avais cru parfaite, capitale royale et glorieuse où je me promenais autrefois et que, jusqu'à maintenant, je n'avais jamais remise en question, tout à coup m'échappe. Une violente colère contre mon défunt père me monte au cœur : pourquoi m'a-t-il éduquée dans les privilèges sans m'avoir prévenue de ce qu'il pouvait advenir ? Pourquoi est-il soudainement parti un soir sans nous avoir avertis ? Je le hais parce qu'il me manque encore cruellement et, bien que devenue femme et mère, je reste une enfant dans la profondeur de mon être. Depuis son départ, je n'ai jamais cessé de lutter contre le sentiment d'abandon qui me détruit. Je crois que mon seul réconfort, je le trouve dans son souvenir et dans l'écriture. Je me souviens du mercredi matin lorsqu'il nous emmenait, mes sœurs et moi, à la salle de danse du Palais royal pour nos cours de ballet classique. Malheureusement, je n'ai pas hérité du talent de mère et j'étais la plus mauvaise de toute la classe car mes longs doigts n'étaient pas assez souples pour se pencher vers l'extérieur et former des « pétales de lotus ». J'ai donc dû renoncer à la danse, conservant dans un coffre en bois mes petits costumes rouges et dorés de soie sauvage ainsi que les accessoires, bijoux et couronne qui viennent compléter la parure de la danseuse khmère. Lorsque Sophana grandira et que les choses iront mieux, je l'inscrirai à ces mêmes cours ; elle portera ces vêtements et j'irai l'applaudir au Palais royal : elle sera ma fierté.

Les khmers rouges disent que nous pourrons revenir dans trois jours, le temps d'évacuer la ville. Je n'en crois pas un mot mais je préfère me laisser porter par mes rêveries. Sophana fera aussi de la harpe, comme Elise Dufayet, cette femme avec laquelle père entretenait une relation trouble que je ne parvenais pas à définir. Il m'emmena au conservatoire, un après-midi, voir la jolie dame jouer et, depuis, je n'ai cessé d'admirer les harpistes. Sophana sera tout ce que j'ai rêvé d'être et que j'ai manqué. Je me sens soudainement si misérable. Pourquoi tout reporter sur ma fille à peine née ? De l'espoir et de la peur, j'en ai tant.

« Il te faudra un jour renoncer à toutes les choses mondaines qui t'attachent à ce monde : en réalisant leur nature intrinsèque, tu te libèreras de tes émotions négatives. » Même si je ne doute pas de sa vérité, cette sagesse m'irrite, m'agace et me révolte : je ne veux pas l'entendre car elle révèle en moi les insécurités les plus profondes, celles qui me dérangent et que je tente de dissimuler. Les paroles de Lôk Yeâh continuent à résonner au loin dans ma conscience, tel le tintement répétitif d'une cloche d'église.

Derrière les vitres de notre Chevrolet, je me sens protégée du malheur des autres. Je suis assise à l'arrière, inconfortablement installée entre mes deux garçons, des nattes en pailles, des couvertures et des piles de vêtements rassemblés à la va-vite. Je cale Sophana sur mes genoux, dans le creux d'un coussin. Mère s'est assise à l'avant entre ustensiles et paniers de provisions qui contiennent essentiellement du riz, du poisson et de la viande séchés, du sel, du sucre, du lait en poudre et des gâteaux secs pour les garçons. Ma sœur cadette, Sorya, conduit avec deux mallettes de billets et un coffre à bijoux tassés de chaque côté de ses cuisses. Le coffre de la voiture est bondé de valises. Le pare-brise arrière est complètement caché et, le rétroviseur ne permettant aucune visibilité, Sorya est obligée de sortir sa tête à travers sa vitre latérale pour regarder en arrière et éviter d'écraser les nombreux passants.

Beaucoup de routes sont barrées. De l'hôpital Calmette, le boulevard Monivong rempli de monde est la seule voie empruntable. Nous avançons avec une telle lenteur qu'il nous faudra plus de quatre heures pour atteindre l'autre extrémité du boulevard. Les enfants n'en peuvent plus, ils ont chaud et s'agitent. Autoritaire et énervée, je leur dis qu'il n'est ni question de s'arrêter, ni question de descendre. Il faudra qu'ils supportent ce malaise jusqu'à notre arrivée à Kompong Cham.

Je ne savais pas que *Aûn*[20] Sorya savait conduire. Elle a pris la place de Âh Wat, notre chauffeur.

– Âh Wat s'est enfui de la maison et je crois qu'il a rejoint les Rouges ! Tout ça c'est de la faute du prince ! Il a signé avec des gens de la jungle ! me souffle-t-elle du siège avant.

– Comment es-tu au courant de son alliance avec le maquis ? je lui demande, surprise.

– Tous les journaux clandestins en parlent ! Il est loin d'être parfait le prince « papa », me répond-elle, agressive.

– Tais-toi idiote, contente-toi plutôt de conduire correctement, tu serais soupçonnée à tort et fusillée sur place si les khmers rouges t'attrapaient en train de parler politique ! rétorque sévèrement notre mère, fatiguée et impatiente.

– Cela n'a plus d'importance. De toute façon ils ont l'intention d'éliminer tout le monde. Ces gens-là sont des fanatiques ; ce n'est qu'une question de temps et, tôt ou tard, nous y passerons ! Tu as

20. *Aûn* : terme hiérarchique ou affectueux pour désigner une petite sœur.

bien vu comment ils ont abattu la famille Gau parce que leur père était un haut responsable militaire de l'ancien régime !

Insolente et obstinée, Sorya est la seule de la famille à ne pas vouvoyer notre mère. Nos parents lui ont épargné cette éducation formelle à l'ancienne, alors que moi, j'ai dû me plier à la règle, appelant mes parents « père » et « mère », ce que je détestais, car mes camarades de classe se moquaient de ces appellations prétentieuses et vieillottes qui, de plus, créaient une distance entre mes parents et moi.

– C'est vrai, tata Sorya, ils ont fait ça ? Et Sotheï Gau, ils ne l'ont pas tué tout de même ?

– Vylunel ! Je t'ai dit d'arrêter de m'appeler « tata Sorya » ! Maintenant c'est « *ming*[21] Sorya » et, pour « maman », c'est « *mèh*[22] » ! Tu as compris ? Il ne faut pas qu'ils nous entendent parler français, lance Sorya.

– Il n'y a que les paysans qui appellent leur maman « *mèh* » ! rouspète Vylunel, à voix basse.

– Mais quand ils verront la Chevrolet, ils vont bien savoir qu'on est différent ! intervient Pô.

– Mais non, Pô, la Chevrolet est devenue une voiture populaire et la nôtre n'est plus toute neuve ! De toute façon, vu notre allure, nous allons devoir l'abandonner d'ici peu, lui répond mère.

– C'est pour cela qu'on n'a pas pris la Mercedes, grand-mère ? Moi je la préfère, elle est plus confortable et elle a l'air conditionné ! Il fait trop chaud dans celle-ci ! s'exclame Vylunel.

– S'il te plaît, arrête de te plaindre, Vylunel ! J'ai prêté la Mercedes à ton oncle Boreï et c'est mieux ainsi ; sinon nous risquions de nous faire repérer par les khmers rouges qui détestent les bourgeois.

– Mais j'ai chaud ! renchérit-il.

– Tu risques de regretter d'avoir pu t'asseoir quand tu devras marcher comme tous ces gens ! Sorya est agacé par l'enfant capricieux.

– Quoi ? Nous n'allons tout de même pas marcher jusqu'à Kompong Cham avec ce monde, les enfants, mon bébé et tous les bagages ! Je m'affole, mais personne ne me répond.

Il y a un temps de pause.

21. *Ming* : terme khmer pour désigner la tante.

22. *Mèh* : terme populaire khmer employé pour désigner la mère.

– Au fait, Vylunel, oui désolée, ton copain est mort ! reprend Sorya pour combler le silence devenu trop lourd. Son ton ironique et provocateur me déplaît. Mère lui donne une tapette sur le crâne.

– Ça t'amuse d'effrayer cet enfant !

– ... Et tu sais pourquoi, Vylunel ? Parce que Sotheï parlait le khmer avec des mots français quand ils sont arrivés chez eux ; en fait c'est à cause de lui que la famille Gau a été repérée ! Alors fais attention à ne pas nous mettre dans le même péril ! Je n'ai pas envie de mourir à cause de tes bêtises !

Sorya continue, mesquine et menaçante. Vylunel se recroqueville sur lui-même et se tait.

Depuis la prise du pouvoir, l'Angkar[23], désignation publique du parti communiste du Kampuchéa, se rend dans tous des lieux dits « à hauts risques » : Palais royal, ministères, ambassades, pagodes... Elle lance une chasse effrénée aux hauts responsables militaires, politiques et religieux des régimes précédents. Les classes bourgeoises et instruites ainsi que les minorités ethniques subiront une rééducation, les « irréductibles » étant éliminés.

Jusqu'en janvier 1979, cette politique khmère rouge allait causer la mort de plusieurs millions de personnes.

Sophana, tendue, elle aussi, se met à hurler violemment. Il n'y a rien de pire que d'entendre les pleurs d'un nouveau-né à un moment pareil. Il résonne tel un écho venu droit de l'enfer. C'est le printemps des damnés.

– Passe-la moi, je vais m'en occuper ! Mère lui donne un sein asséché qui ne parvient à calmer Sophana qu'après un long moment. Lorsqu'elle s'arrête de crier, c'est une véritable délivrance pour chacun.

Sorya, à bout de nerfs, se met à sangloter. Puis règne un affreux silence qui semble couvrir le chaos extérieur. Un horrible malaise nous envahit ; même Sophana, qui s'était complètement tue, semble le ressentir. Malgré un léger côté de garçon manqué, très en vogue dans son lycée, notamment chez ses camarades américaines,

23. Angkar : signifie littéralement organisation. Les khmers rouges ont choisi ce mot pour désigner leur gouvernement. Le Parti Cambodgien était aussi appelé Kampuchea Démocratique.

enfants d'expatriés, qui l'avaient marquée, Sorya est une jeune fille sensible, rêveuse et naïve ; son désir secret est celui de devenir comme mère, une danseuse de ballet classique. Mais son rêve s'écroule aujourd'hui devant elle.

À son tour, mon rêve vole en miettes, mais je ne veux pas croire que les khmers rouges vont faillir à leurs promesses. Pourtant n'ai-je pas toujours voulu fermer les yeux sur les trahisons des uns et des autres, comme j'ai refusé de regarder en face l'infidélité de mon mari Soï.

Cette cécité reflète-t-elle mon angoisse obsessionnelle, mon besoin de perfection ? Vouloir trop d'ordre autour de moi, rêver d'une structure sans désordre, sans faille, c'est refuser toute imperfection possible, pour me sentir rassurée, pour me convaincre que quelqu'un n'aimait que moi, même si ce quelqu'un fût Soï, l'homme que je détestais le plus au monde, le père de mes enfants ! Comment suis-je arrivée à un tel aveuglement ? Suis-je donc si désespérée d'amour ?

Je compare souvent notre société à un très beau jardin japonais, où les plantes composent une harmonie visuelle, sans aucune mauvaise herbe. Les Asiatiques passent souvent pour être maîtres de leur être intérieur et de leurs émotions. Pourtant, ce masque paisible et ordonné de la société orientale cache bien des facettes douloureuses, des secrets et des silences souvent à l'origine de dépressions, de névroses, voire de suicides, le plus souvent ignorés, car commis dans la discrétion et la dignité.

Notre véhicule continue à cheminer doucement jusqu'à la sortie de Phnom Penh, en direction du nord pour rejoindre la nationale qui mène à Kompong Cham. Après un long périple, nous arrivons à une intersection où tous les chemins sont interdits aux véhicules. Il nous faut continuer à pied. Chacun de nous rassemble autant d'affaires que possible avant de nous mêler à la masse de piétons. L'argent, les bijoux, les objets de première nécessité et surtout la nourriture sont partagés entre nous, en fonction de nos forces, portés sur le dos ou la tête. Le reste est abandonné avec la voiture. Mère se dit qu'ayant beaucoup d'argent liquide, nous achèterons sur place ce qui nous manquera.

Ce grand départ me bouleverse et m'écœure. Telle une bête sauvage, l'être humain ne se préoccupe que des siens, au péril de son prochain. Il bouscule les vieillards, il abandonne les nouveaux-nés, ignore les enfants perdus, écrase les malades et les handicapés. L'amère souffrance de l'homme se voit partout. Mais qu'ai-je de meilleur que mon voisin pour me permettre de le juger ainsi ? Malgré l'injustice et ce dégoût qui me soulève le cœur, l'égoïsme me ronge, lui aussi ; je commets les mêmes fautes et faiblesses pour protéger mes petits, et me laisse contaminer par cette folie des hommes, comme saisie d'un démon intérieur.

Un spectacle désastreux : je ne peux pas dire combien nous sommes à quitter Phnom Penh, peut-être plusieurs centaines de milliers. Vus du ciel, nous devons ressembler à une assemblée de damnés. Toutes les routes sont bloquées par une masse interminable de gens marchant au ralenti à l'approche d'un « centre de triage ».

La sélection se fait au niveau d'un carrefour où la route se divise en trois branches dont l'une est interdite d'accès par un carton dérisoire en guise de pancarte, écrite à la main avec trois fautes d'orthographe dans la même phrase. C'est la nationale 5 qui mène à Battambang, sur laquelle les militaires et fonctionnaires de l'ancien régime, ainsi que les cadres et les travailleurs qualifiés doivent se faire identifier. Sur les deux autres branches, dont l'une mène à Kompong Cham et l'autre à Kompong Chhnang[24], les khmers rouges, selon leur gré, poussent les gens à droite ou à gauche sans demander où ces derniers veulent aller. Il s'agit donc d'un tri en vue de nous déporter et non de nous évacuer comme nous l'avions tous cru. Quand vient notre tour, nous espérons être dirigés vers la gauche, mais on nous pousse brutalement à droite. Mère est très déçue : nous ne retrouverons pas notre maison de campagne. Encore heureux que nous restions regroupés, car certaines familles sont séparées et languissent d'appels ou de pleurs. Une jeune khmère rouge, plutôt moche, prise d'impatience, n'hésite pas à tirer sur un homme âgé qui tentait de prendre la même direction que sa femme malade. Nous avons tous froid dans le dos et, sur la route de terre qui mène à Kompong Chhnang, nous marchons sans un mot. Le long du chemin, les khmers rouges, d'un ton impoli et menaçant, interrogent des gens pris au hasard dans la foule, sur

24. Kompong Chhnang (traduction littéraire : embarcadère-débarcadère aux marmites ou port aux marmites) : capitale de la province du même nom située sur la rive ouest du Mékong.

leur profession. Nous nous tassons, tant bien que mal, au milieu du flot humain, afin d'éviter d'être sélectionnés.

L'aurore n'a pas radouci les températures. La chaleur, la route, la foule, le poids des paniers, la fatigue et l'anxiété sont pénibles mais, plus que tout, le choc psychologique. Je n'ose imaginer les conséquences de cet événement sur le système nerveux de mes enfants.

Sur le bord du chemin, une petite fille, perdue, cherche ses parents parmi les corps criblés de balles. Les exécutions sommaires, dans la ville, sur les points de contrôle et le long de l'exode, ne sont, je le sais, que le début d'une longue extermination. Une angoisse m'étreint le cœur, une inquiétude comme je n'en avais jamais ressentie auparavant.

– Que va t-il advenir de nous, mère ? Nous ne sommes que des femmes ! Je me plains pathétiquement. Si seulement père pouvait nous venir en aide, me prendre par la main et s'occuper de moi. Je serais terriblement heureuse de pouvoir m'abandonner dans ses bras.

– Cesse de larmoyer, Nary ! Sois forte pour tes enfants, ce n'est pas le moment de baisser les bras. Nous y arriverons ensemble, et d'ailleurs regarde Pô : n'est-il pas déjà un homme ?

Mon fils aîné, Pô, n'a que douze ans, mais il est déjà terriblement sérieux pour son âge. Depuis le départ, il marche sans une plainte, transportant un sac de provisions bien trop lourd pour lui. J'ai en mémoire cette photo où il pose avec son chiot. Depuis son arrivée à la maison, Chekai Tebang, qui signifie le « chien joyau », a grandement participé à l'épanouissement de mon fils aîné. Ils ont grandi ensemble. Pô était très attaché à son compagnon et ce fut pour lui un déchirement que de devoir l'abandonner.

– Maman, où est papa ?

– Shuut ! S'il te plaît, Pô, pas de mot français à partir de maintenant !

– Tu peux me le dire à moi, je suis assez grand maintenant pour comprendre ! Où est Papa ? Pourquoi nous a-t-il abandonnés ? Est-ce que j'ai fait quelque chose de mal pour qu'il parte ? s'impatiente-t-il.

Pô, étant l'aîné, se sentait responsable de tout problème surgissant au sein du clan familial. Il s'acharnait toujours à vouloir tout résoudre et à faire plaisir aux autres. Il pensait que, si son père était parti, c'était parce que je ne lui témoignais pas assez d'amour. Pô pensait que Soï était jaloux de l'affection que je portais à mes enfants et s'était convaincu que tout était de sa faute. Ainsi, il s'appliquait à se faire pardonner et s'acharnait à se faire aimer d'un père qui le négligeait totalement.

– Bien sûr que non, mon ange ! Maintenant, fais un effort, veux-tu ? Les khmers rouges n'aiment pas ceux qui parlent le français. Applique-toi à dire « *pah* » à la cambodgienne et non « papa ». Tu sais, c'est compliqué entre lui et moi, je peux t'assurer que tu n'as rien à voir dans l'histoire. Je t'expliquerai tout cela dès qu'on rentrera à la maison, je te le promets, mon enfant !

Ma réponse ne l'a pas satisfait et la frustration se lit sur son visage.

– Ming Sorya dit que l'on ne rentrera jamais.

– Elle voulait juste te taquiner.

– Elle ne plaisanterait pas à un moment pareil, *mèh*, c'est toi qui n'est pas drôle !

Le monde d'insouciance de Pô semble désormais avoir basculé à jamais. Je m'effraie de sa subite prise de conscience et de cet irrémédiable passage vers l'âge d'adulte.

La ville s'éloigne peu à peu derrière nous pour disparaître bientôt complètement.

Tel un troupeau docile, nous avançons, soumis aux ordres de ces inconnus, sans que personne n'ose demander où nous allons ni encore combien de temps il nous faudra poursuivre la route. Je suis inquiète, car je crains le pire. Les mêmes sentiments se reflètent sur le visage de mes compagnons d'infortune.

Nous sommes escortés par des jeunes soldats, dont certains sont des femmes, tous vêtus de noir et de *kramas*[25] à carreaux rouge et blanc, et chaussés de sandales taillées dans des vieux pneus d'automobiles dont les lanières ont été découpées dans les chambres à air. Ils portent de longs fusils de fabrication chinoise en bandoulière et

25. *Krama* : écharpe traditionnelle khmère. Pièce de coton tissée, rectangulaire, à carreaux, à usage vestimentaire multiple. Le *krama* se porte en écharpe autour du cou, en travers de la poitrine à la pagode, sur la tête, en pagne, en « jupe » pour le bain dans la rivière ou pour le port d'objets lourds. Il peut servir de hamac pour le bébé, de serviette pour éponger la sueur ou l'eau de la douche.

marchent en brandissant le poing tout en acclamant les vertus de l'Angkar, le Kampuchea Démocratique : ce sont les fameux soldats khmers rouges, les *yothears*[26].

Je suis effarée de voir que certains d'entre eux ne sont que des enfants, à peine plus grands que Vylunel. D'apparence, ces êtres ressemblent aux humains, mais les vieux chuchotent que des démons, esprits avides, affamés ou perdus se sont emparés de leurs âmes et y habitent maintenant. D'autres racontent qu'ils incarnent le mal et que l'époque de la destruction du monde est arrivée.

Je ressens un profond besoin d'écrire et le moment tant attendu d'utiliser mon journal. Je n'ai plus peur de la marge abîmée, des lignes disloquées, ni des mots rayés, je veux écrire de mon sang et de mon âme ! Mais, pour l'instant, malgré la situation, je reste subjuguée par la beauté du paysage. Des buffles au regard nostalgique, immobiles en bordure de route, nous observent paisiblement. Chez les khmers, on dit que leurs yeux remplis de larmes trahissent le regard plein de compassion du Bouddha envers la souffrance des êtres humains.

Au loin le soleil s'est caché derrière les collines dont il nimbe les contours d'une douce lumière dorée. Nous continuons à marcher jusqu'à la tombée de la nuit et, comme des milliers d'autres, nous campons sur la chaussée, là où il reste de la place. Je ne comprends pas comment nous en sommes arrivés là, comment une poignée d'hommes qui ressemblent si peu à des militaires de carrière, avec leurs pyjamas noirs, leurs foulards quadrillés provinciaux et leurs sandales de pneus usés, sont parvenus à prendre toute une ville d'assaut. Mais l'apparence est trompeuse et la volonté, on le sait, peut déplacer des montagnes.

Sophana semble perdue au milieu de cet immense chantier humain ; elle est née si petite, si maigre et, avec le stress et la fatigue, je n'ai que très peu de lait. Mère a emballé quelques boîtes de lait en poudre Nestlé importées de France :

– Avec cela, Sophana tiendra au moins deux semaines, ensuite il faudra improviser !

---

26. *Yothear* : soldat khmer rouge.

Simulant la confiance, je lui affirme que, d'ici là, nous serons rentrés. Je sais pertinemment que c'est faux mais une part de moi-même veut encore y croire. Je me sens ridicule mais si fragile, j'ai tant besoin d'être rassurée. Mère, excédée par ce qu'elle considère être, de ma part, de la pure provocation, ne me donnera pas ce plaisir.

– Nary, tu m'agaces sincèrement avec ta prétendue naïveté ! Ne vois-tu donc pas qu'ils sont en train de déporter la population citadine vers les campagnes ! déclare-t-elle cruellement, sur un ton que je ne lui connaissais pas, comme pour briser à jamais mes derniers espoirs.

– C'est impossible ! Nous sommes bien plus nombreux qu'eux ; les gens ne vont tout de même pas tous se laisser faire ! Ils vont bien finir par se rebeller !

– Ma chérie, je t'ai toujours répété qu'il faut juste une poignée de bergers pour contenir un troupeau de brebis.

Peu m'importe ce qu'elle dit, j'aime quand mère se radoucit et s'adresse à moi avec tendresse. Parfois même, je feins de m'emporter pour obtenir son attention.

– Pourquoi veulent-il purger le pays des citadins ?

Je me sens pathétique de continuer le jeu de l'enfant imbécile et capricieux, mais je ne peux pas m'en empêcher.

– Ma fille, pourquoi penses-tu qu'ils commencent à traquer les élites de l'ancien gouvernement ? À éliminer les intellectuels qui parlent le français ou même de simples gens qui portent des lunettes ? À brûler des bonzes ? Ce nouveau régime s'aligne sur le système stalinien et maoïste. En prétextant construire l'homme nouveau, ils se débarrassent dans un premier temps des intellectuels et des urbains qui constituent à leurs yeux des éléments indésirables et réactionnaires. Ces gens sont des fous qui veulent purifier le pays de sa population urbaine tout comme Mao l'a fait durant la révolution culturelle ! J'aurais dû écouter Heng ! J'aurais dû vous faire tous partir, mais je voulais d'abord que tu termines ton accouchement. Fatale erreur !

– Mais non mère, ce n'est pas de votre faute, lui dis-je pour la rassurer.

Très vite, je me remémore les images de la révolution culturelle chinoise qu'on nous a passées en diapos pendant les cours d'histoire. Et je comprends, non sans peur, que nous sommes envoyés en rééducation dans les campagnes.

– Au fait, mère, est-il vrai que Ah Wat a rejoint les Rouges ? Cela m'étonne de lui.

– Je ne voulais pas le dire devant les enfants, mais il a été fusillé. J'étais sur le trottoir et m'apprêtais à me diriger vers la Mercedes où Ah Vat m'attendait. Ils se sont approchés et lui ont demandé de sortir de la voiture. Terrorisé, Ah Vat a levé les bras en jurant qu'il n'était pas propriétaire du véhicule, mais son chauffeur. Un des khmers rouges a répliqué que le simple fait qu'il porte des lunettes faisait de lui un intellectuel et donc un ennemi de l'Angkar. Le soldat lui a arraché les verres et l'a tué, le visage haineux.

– Et vous mère, qu'avez-vous fait ?

– J'ai changé de trottoir et suis rentrée à pied. Sorya n'a rien su de cela. Elle croit que j'ai prêté la Mercedes à ton frère, Boreï. Ce n'est pas la peine de la perturber davantage.

– Se faire tuer pour des lunettes, mais c'est insensé !

– Cela prouve que ces gens sont incultes.

– Tcheuk Heng m'avait précisé qu'ils viennent des campagnes profondes du nord du pays. Mais s'ils sont ignorants, ne sommes-nous pas plus armés qu'eux !

– Détrompe-toi, les moins éduqués sont les mieux endoctrinés et les plus fanatiques !

Sorya, nous a rejoints et s'assied à mes côtés.

– De quoi parlez-vous ?

– De pas grand-chose…

– Au fait, je voulais m'excuser pour tout à l'heure… dans la voiture !

– Sorya, à partir de maintenant, il va falloir s'épauler : comme toi, on a toutes besoin d'un minimum d'amour et d'affection pour survivre. Mère enlace ma petite sœur dans ses bras.

Elles ont une complicité que je ne partage pas avec mère. Mère et moi, avons toujours eu du mal à communiquer ; de longs et cruels moments de silence s'installent souvent entre nos semblants de partage. Stricte, sévère et distante, elle est très différente de père. Dans sa jeunesse, elle fut une femme très populaire, connue en tant que danseuse élite du Palais royal. Sa grâce et son éloquence faisaient d'elle un objet de convoitise au sein de la gent masculine, et le roi Suramarit, qui aimait les femmes, lui accordait une attention particulière. Les épouses royales de la cour, jalouses, disaient qu'elle était sa « consorte » secrète et la faisait passer pour une traînée.

Cependant, elles ne parvenaient pas à souiller la grâce naturelle de mère. Son entourage comparaît souvent sa beauté à celle des Apsaras angkoriennes, esprits féminins de la nature, célèbres pour leur beauté et dont on dit qu'elles sont les danseuses des dieux et l'inspiration des amants. Une légende raconte qu'elles auraient été envoyées par Ravana pour susciter le désir chez les brahmanes et les rishis lors de leur retraite spirituelle dans la forêt.

On dit que mon arrière-grand-père maternel était un colon français venu s'installer à Phnom Penh au début du siècle et qui s'était converti à l'hindouisme lors d'un séjour dans un ashram à Mysore, au sud des Indes. C'était la raison pour laquelle mère ne mangeait pas la viande de bœuf, animal sacré de la religion hindou. Dans sa vénération à Ganesh, déité de l'harmonie et du succès, mère affirme qu'elle est aussi de croyance bouddhiste, et rappelle que toutes les religions se rassemblent en une seule ligne de conduite : la bonté envers son prochain.

Mère parle rarement d'elle et de son passé ; à mes yeux, elle a toujours incarné la femme mystérieuse que l'on rencontre dans les romans. Bien que la craignant, je lui porte un profond respect et une grande admiration ; elle semble cacher un lourd secret au fond de l'âme. Elle et père vivaient dans des chambres séparées, ne partageant que très peu de choses. À table, ils n'échangeaient que de rares paroles et, si père ne l'emmenait guère dans ses voyages, elle ne semblait respirer qu'en son absence. J'aurais désiré les voir s'aimer comme sur les vieilles photos en noir et blanc de leur somptueux mariage. Pourquoi n'aimait-elle plus père ? Était-elle réellement la courtisane du roi ? Suspectait-elle son mari d'une liaison avec Elise Dufayet ? Je la savais douce et tendre derrière sa froideur et ses crises de colère mais, pas une seule fois, je ne me suis sentie assez en confiance pour l'approcher. Ma mère m'a toujours effrayée et jamais elle ne m'a témoigné d'affection ni dit qu'elle m'aimait. Je crois que c'est parce que je lui ressemblais trop et faisais miroir à ses défauts. J'enviais Sorya et mes deux frères pour la complicité qu'elle partageait avec eux et j'ai longtemps souffert de cette rivalité. Mes autres sœurs ont dû toutes ressentir ce même chagrin. J'ai souvent pleuré en cachette : très tôt dans mon enfance, la jalousie m'a torturée ; serait-ce cette même émotion négative qui ronge ma mère ? Lorsqu'elle s'élève, la jalousie me semble venir de loin, tellement elle est profonde et me submerge dans un océan de douleur.

À ces moments-là, elle ébranle mon esprit et m'égare. Cette jalousie d'enfance a creusé en moi une instabilité et une faiblesse que je m'acharne sans cesse à dominer. C'est la première fois que je réalise à quel point elle a pu détruire ma deuxième sœur Socheata. C'est sans doute cela le plus grand combat de nos vies, celui des sentiments.

Grand-mère disait souvent : « Lorsque les nuages s'élèvent, il faut simplement les laisser passer. De la même manière, lorsqu'une émotion négative s'empare de l'esprit, il ne faut pas s'y attacher puisqu'elle n'a pas de substance réelle. » C'était dans ces moments de trouble et de confusion que la sagesse de Lôk Yeâh venait me sauver.

Malgré l'insécurité et le profond sentiment d'abandon qu'elle réveille constamment en moi, je continue à aimer mère. Avec l'âge, elle s'est assagie et semble plus patiente et plus posée. Alors je me sens coupable de lui reprocher ces choses inutiles puisque, au fond, mère a le mérite de nous avoir élevés. En elle, derrière son masque, quelque chose semble brisé à jamais. Après la mort de père, lorsque mes frères se sont mariés, à cause des querelles constantes avec ses deux belles-filles, elle est venue s'installer chez moi et a fini par reporter son amour sur mes deux garçons, Pô et Vylunel, ses seuls petit-fils. Ces derniers le lui rendent bien.

La pénombre s'est installée, nous faisons halte pour la nuit. Comme nous manquons de nattes et de couvertures, trop lourdes à porter et que nous avons abandonnées en chemin, nous devons en acheter aux évacués à des prix prohibitifs. Malgré la fatigue, les gens parlent entre eux, dans l'espoir de calmer leur angoisse et de comprendre.

Dans les jours qui suivirent l'avènement du Kampuchea démocratique, toute les grandes villes du pays furent évacuées de la même façon, les hôpitaux vidés, les écoles fermées, les usines arrêtées, les monastères condamnés.

Les enfants se sont endormis profondément : assoupis dans leur sommeil, nul d'entre eux ne semble éprouver le moindre chagrin comme si leurs rêves les avaient transportés vers un ailleurs enchanté. Je m'allonge sur le dos, fixant le vaste ciel noir étincelant. Je voudrais moi aussi rêver pour oublier le côté éphémère de la vie et les dangers qui nous guettent. J'essaye de dormir, mais j'ai l'esprit habité par des murmures provenant du monde des ténèbres, par des blessures issues du plus profond de l'enfance. Une profonde solitude m'envahit, des images de souffrance défilent devant moi, ponctuées par les cris et les pleurs qui se font entendre un peu partout et se mêlent aux chants nocturnes des terres, des eaux et des cieux. Ils réveillent mon angoisse et je ne m'endors qu'avec l'arrivée de l'aube.

4

La Marche

Le lendemain, départ à l'aube. Nous sommes réveillés par les slogans de l'Angkar Padevaat[27] que des porte-voix déversent sans fin : « Frères et sœurs de la patrie, levez-vous sous un jour nouveau ! Faisons table rase du régime foncier féodal, de sa corruption, des séquelles du colonialisme français, de l'obscurantisme bouddhiste dont nous avons été victimes ! »

Pendant plusieurs semaines, la marche continuera à une cadence ininterrompue avec de courtes pauses aux heures du repas. La route est longue, surtout pour les enfants qui ont les pieds enflammés, couverts d'ampoules ouvertes et de sang.

Vylunel, qui n'a que six ans, a cessé de pleurer et ne parle plus depuis le lendemain de notre départ de la capitale. Le premier matin de sa vie où il n'a pu jouer à son gré. Il gardera le silence durant tout le chemin qui nous emmènera à destination. Fiévreux, il ne peut rien absorber et fait constamment des diarrhées. Malgré son état préoccupant, il s'efforce de marcher ; les yeux mi-ouverts, le visage pâle, il semble étouffer sa peine sans le moindre pleur.

J'ai accroché Sophana à mon dos à l'aide d'un vieux krama ramassé au passage. Ma fille, malgré son léger poids, est lourde pour mes fragiles épaules. Dans le temps, je ne me déplaçais jamais au marché sans un « porteur » et me voilà à traîner tous ces paniers comme un *kouli*[28] indien. Je présente tous les défauts de la bourgeoisie et j'ai honte de mon manque d'endurance tandis que ma vieille

27. Angkar Padevaat ou Angkar Leu : Angkar « suprême ».
28. *Kouli* (ou coolie) : porteur indien, issu généralement de milieux pauvres.

mère, plus forte que deux hommes réunis, semble puiser son énergie dans un acharnement né de la dignité et du désir de préserver nos vies. Sa présence nous rassure tous ; elle est, telle une force tranquille, notre protectrice : par instinct de survie, les garçons lui sont devenus très attachés.

Quelques femmes accouchent sur le bord du chemin, et le fait que Sophana ne soit pas le seul enfant à être né dans cet enfer terrestre m'apaise.

Lôk Yeâh m'a raconté qu'il y a de cela plus d'un siècle, lorsque mes ancêtres habitaient Oudong, un vieil oracle avait prédit qu'une fille naîtrait au sein de notre famille et que, par sa naissance, cette dernière serait la malédiction du pays entier, entraînant celui-ci dans la dérive la plus totale, vers la période la plus noire de son histoire. Pour nous, Sophana est cet enfant, mais pour ne pas la rendre responsable, nous prétendons avoir oublié la prophétie.

Au bout d'une semaine de marche, nous manquons déjà de provisions et troquons or et pierres précieuses contre du riz, des crevettes séchées, des œufs salés ou d'autres aliments. Comme nos gardiens ont décrété que l'argent était « aboli », nous nous servons des billets de riels pour essuyer les selles. Triste épilogue pour ces richesses qui fascinent les hommes et les jettent les uns contre les autres.

Nous avançons maintenant entre des escarpements rocheux que survolent des vautours. Bientôt, nous arrivons sur le bord d'une route qui mène vers le district de Sdok Ach Romeas, dans la province de Kampong Chhnang. L'odeur immonde des morts plane au-dessus des rizières et d'énormes mouches bourdonnant par milliers forment d'épais nuages noirs. Des centaines de cadavres, en décomposition avancée, gisent à même le sol, dévorés par des nuées de corbeaux ; ce sont les corps de soldats de l'armée nationale de Lon Nol, abattus ou décapités, et dont les membres ne sont plus que d'énormes nids de vermine grouillante. Les bœufs balancent avec lassitude leur lourde tête à travers les halos de mouches qui volent intrépidement autour d'eux. J'ai envie de fuir ces lieux au plus vite, d'oublier, et ce sont les pleurs de ma fille qui réclame son biberon qui m'arrachent à cette atmosphère d'apocalypse.

Depuis notre départ de Phnom Penh, Pô prétendait être l'homme de la famille, mais pour la première fois, terrifié, il redevient enfant. À la vue de la scène morbide, il se réfugie auprès de moi et se blottit derrière mon *sarhong*[29] tout en s'essuyant furtivement les yeux pour que son petit frère ne voit pas ses pleurs.

Le visage serré, les gens continuent d'avancer tout en se bouchant les narines. Certains se couvrent les yeux devant l'horreur ; il y a ceux qui se cachent le visage pour pleurer, ceux qui s'évanouissent, ceux qui dissimulent leur peur de mourir, mais nul n'ose proférer la moindre plainte, poursuivant la marche comme si de rien n'était. Lôk Yeâh m'a toujours dit que tout ce qui est né doit mourir puis renaître pour mourir à nouveau et renaître encore. Mais, confrontée à la pourriture, j'ai envie de vomir. Pour la première fois de ma vie, j'affronte la mort sous son vrai jour ; la mort privée de son cortège de fleurs, de cérémonies et de banquets. La mort dont je me sens soudain si proche, mais qui reste pourtant à jamais impénétrable.

Comme il me faut à tout prix remettre un peu d'ordre dans ma tête, le soir de notre halte, j'entame la première page de mon journal. Ma priorité désormais est moins celle de mes émotions et des pensées discursives que celle de la dénonciation :

> « La situation dans laquelle nous nous trouvons est grave ; l'Angkar, l'organisation des khmers rouges, applique une politique maximaliste, plus radicale encore que celle des Soviétiques et des Maoïstes, visant à purifier mon pays de la civilisation urbaine ! Tous les cadres de la nation, les anciennes élites qui parlent le français, non seulement les cadres de la République, mais tous ceux qui ont un diplôme supérieur au certificat d'études, ou même des gens simples, comme mon chauffeur, qui ont pour seul crime de porter des lunettes, sont systématiquement traqués puis physiquement éliminés avec leur famille. Il en sera de même pour les minorités tels que les Chinois ou les *Chams*[30]. Le reste des citadins est déporté pour être rééduqué dans les campagnes. Notre nation entière a été assiégée de l'intérieur. Je ne sais pas encore ce qui nous attend mais je redoute le pire. Que ces lignes soient les témoins de cette catastrophe humaine ! »

---

29. *Sarhong* (ou *Sampot)* : jupe traditionnelle khmère tissée en coton ou en soie sauvage.

30. *Cham* : khmer converti à l'islam. C'est au XVe siècle que les *Chams*, venus de l'actuel Vietnam, arrivèrent sur la terre khmère. Sous le régime des khmers rouges, les *Chams* furent exterminés par camions entiers.

LE VILLAGE

– Est-ce dans cet endroit que nous allons vivre maman ? me demande Pô à l'oreille, le cœur lourd mais déjà résigné.

– C'est juste temporaire, ne t'inquiète pas, mon bébé.

– Arrête de m'appeler comme cela, maman, tu m'énerves !

– Alors cesse aussi de m'appeler « maman » !

– Oui, *mèh* ! me répond Pô agacé.

Bien que j'aie su le protéger de la guerre civile et qu'il n'ait jamais connu la difficulté, Pô, aujourd'hui, accepte tout sans une plainte. Il ne bronche pas et je suis fière de lui. C'est un beau et généreux garçon. De ses douze ans, il m'arrive à la hauteur des épaules. C'est mon enfant prodige, le premier être sur qui je puisse répandre mon amour et le seul qui m'en redonne généreusement.

– Tu verras Nary, un jour, Pô se mariera et me donnera des arrières-petits-fils, me lance subitement mère comme pour se redonner une poussée de courage ou un semblant d'espoir.

– Arrêtez, mère, pourquoi vous dites cela ? Vous savez bien que si Pô venait à mourir, je ne pourrais plus vivre.

Elle lève vers moi un regard torturé.

– Nary, ne t'avises plus jamais de répéter ces mots !

En silence je lui prends la main et elle esquisse un sourire incertain.

Nous nous trouvons à la limite de Pursat, dans la campagne profonde : à Ponleï, dans la section 3 du camp de Kôh thmeï kreôm. À l'entrée du village, trois hommes viennent d'être fusillés : les corps tombés sur le ventre, ont été laissés là à pourrir au soleil. Un soleil qui tape maintenant de toute sa force comme si, lui aussi, nous faisait la guerre. Les khmers rouges nous dépouillent de nos biens et nous trient comme du bétail. Tous nos objets personnels, sacs, bijoux, livres, radios, appareils photos, chaussures ou même brosses à dents, sont confisqués ou brûlés. Tout objet considéré dangereux ou à caractère contre-révolutionnaire appartient désormais à l'Angkar.

Mère a pu cacher dans son soutien-gorge sa bague de fiançailles parée d'un magnifique diamant du Sierra Leone. C'est d'elle, qui s'y connaît en pierres précieuses, que j'ai appris à juger de la qualité d'un diamant par son carat, sa couleur, sa pureté et sa taille.

Père lui avait proposé d'ouvrir une bijouterie, mais, à l'époque, l'idée de travailler n'emballait pas notre mère.

Je dissimule, quant à moi, ce qui m'est le plus précieux : le petit journal à couverture de maroquin que père m'avait offert. De lui qui m'a transmis la passion des lettres, je garde le souvenir d'un homme qui se donnait à la plume dans ses temps perdus. C'était avant tout un poète ; dans les heures oisives des après-midi chaudes, je le voyais plongé dans sa solitude d'artiste dont j'enviais la familiarité. De ses écrits, des volumes entiers dorment dans la poussière des casiers de son beau bureau.

« *Les dieux s'affirment à travers l'art des mortels ; ainsi, par leurs œuvres, les artistes se doivent de servir leur prochain* », m'avait-il écrit dans une de ses dernières lettres.

Les fermiers et paysans nés sur ces terres sont désignés par « vieux peuple » ou gens de base ; pour les khmers rouges, ils constituent l'exemple et la fierté de l'Angkar, tandis que nous, les gens venus de la capitale, formons le « peuple nouveau », c'est-à-dire le maillon faible, les citoyens corrompus du niveau le plus bas, gens qu'il faut rééduquer dans les camps de travaux forcés.

Nous sommes interrogés les uns après les autres sur notre état-civil. Le vieux peuple, souvent illettré et ignorant, nous regarde défiler avec curiosité ; à notre passage, il recule d'un pas méfiant ; les mères cachent leurs petits derrière leurs jambes comme si nous étions des animaux contagieux. Leur regard hostile est effrayant, pareil à une lame aiguisée, et me glace le cœur. Je me demande si un seul d'entre eux éprouve de la compassion à notre égard. Mais sans doute ont-ils autant peur que nous et chaque « clan » cache sa souffrance.

Notre tour arrive, j'ai le cœur qui bat lourdement. Un très jeune garçon d'environ quatorze ans au teint basané, habillé de noir, nous dévisage avec mépris. Il a le krama attaché autour de la taille, ses cheveux graisseux sont si clairsemés qu'on voit le cuir chevelu et ses dents jaunies par le tabac renvoient une haleine fortement désagréable. Le jeune militaire est aussi imberbe que mon fils Pô. Malgré la blancheur de nos teints, je prétends être une veuve issue d'une famille de boutiquiers modestes. Il accepte ce mensonge flagrant, mais décide de nous diviser en envoyant Sorya vers la section des jeunes femmes et Pô vers celle des enfants travailleurs. Après avoir jeté un regard pervers en direction de ma jolie sœur, il se tourne vers moi et, avec l'accent épais des habitants de la jungle, il ricane :

– Tes deux plus jeunes mômes ne survivront pas, je te conseille de t'en débarrasser tout de suite si tu ne veux pas t'encombrer pour rien. Il y a un charnier à cet effet ! Il éclate de rire et, du doigt, me montre la fosse. Il accompagne son grognement d'un long crachat arraché à sa gorge et qui forme sur le sol une glaire verdâtre.

– Je vous en prie, laissez-nous rester ensemble ! supplie Sorya.

– Préférer sa famille à l'Angkar est une attitude contre-révolutionnaire ! Tu as de la chance que je sois de bonne humeur ! Mais tu me revaudras ça plus tard ! ajoute-t-il en la foudroyant du regard. Puis, tout en allumant une cigarette, le jeune garçon fait signe à deux femmes, aux cheveux courts coupés au carré, vêtues de pantalons et de chemisiers noirs. Celles-ci s'approchent pour emmener ma sœur et mon fils.

Sorya, prise de panique, se met à pleurer ; tremblante, elle supplie mère de ne pas l'abandonner.

– Non, non, mère, ne les laisse pas ! Je te demande pardon pour tout ce que j'ai fait ! Mais ne les laisse pas m'emmener ! s'écrie-t-elle.

Mère, impuissante, s'accroche à Sorya pour empêcher les femmes de la saisir. Folles de rage, celles-ci les séparent en les frappant sans pitié de plusieurs coups de bâton.

– Je vous en prie ! supplie mère, paralysée par les coups.

Sorya pleure comme un enfant :

– Je t'en voudrai toute ma vie si tu ne fais rien !

– Ma fille, je te promets qu'on se reverra, je te promets de te retrouver !

Pô, à son tour, se met à crier et à gémir : il se blottit contre ma poitrine et, écrasant Sophana de la tête, il s'agrippe de toutes ses forces à ma taille en hurlant, terrifié.

– Mèh, ne les laisse pas me prendre aussi ! Et ses pieds frappent le sol de coups violents. Sophana se met alors à crier à pleins poumons. C'est le chaos total. Alors, l'une des femmes assène un violent coup de crosse dans le dos de mon fils qui s'effondre à mes pieds. Il pleure encore plus fort et les coups redoublent, bâtons et crosses mêlés. Je tente de me dégager pour protéger Sophana. Pô, épuisé, finit par lâcher prise et roule à terre, frissonnant, la tête dans ses genoux. C'est le silence d'un garçon seul face à la cruauté du monde, le silence de l'impuissance d'une mère à protéger son enfant. Cet instant semble durer le temps d'une éternité où tout se brouille autour de moi. Vais-je enfin me réveiller ?

Les gens, telles des bêtes soumises, ont observé la scène en silence, tétanisés par la peur ; personne n'ose le moindre mouvement, chacun retient son souffle. D'autres ont détourné les yeux, comme indifférents.

La colère et la haine déchirent mère qui, faisant fi du danger, s'accroupit, genoux à terre et, les mains jointes, supplie le jeune chef :

– S'il vous plaît, ne leur faites pas de mal, nous sommes des gens simples ; je viens d'une famille paysanne de Preah Teuten !

Sans même la regarder, l'homme exhale une longue fumée de cigarette, souriant avec plaisir avant de se tourner vers ses prochaines victimes.

D'autres personnes, moins chanceuses que nous, ligotés, menottés ou la tête étouffée dans un sac en plastique, sont froidement abattues puis poussées dans une fosse déjà encombrée de cadavres dont certains bougent encore. Une des victimes, seulement blessée à la jambe, est tombée dans le charnier ; recouverte de corps, elle meurt étouffée.

J'entends hurler des ordres derrière moi. Je me retourne : quelques cervelles s'émiettent en un éclat désordonné de chair et de sang. Vision horrible que cette violence gratuite qui semble consacrer une rupture entre la culture et le sacré, et entérine un tragique engourdissement moral où la société semble avoir perdu la distinction entre le bien et le mal.

Comment l'être humain a-t-il pu en arriver là ? Mes yeux s'emplissent de larmes que je ravale. La mâchoire crispée, les lèvres tremblantes, révoltée mais impuissante, je sens la haine m'envahir : pourquoi personne ne fait-elle rien ?

Tandis que les soldats s'éloignent, j'entends les gémissements de Pô et de Sorya, puis, peu à peu, leurs voix s'éteignent dans l'air brûlant d'avril et l'on ne distingue plus que de vagues silhouettes disparaissant de l'horizon. Je n'entends plus rien autour de moi, j'ai l'impression que le temps s'est figé. Tous mes rêves s'évanouissent.

Cette séparation nous abat gravement. Mère n'a pas versé une seule larme, mais je ne l'ai jamais vue aussi accablée de tristesse ; elle regarde aveuglément vers la plaine lointaine en se massant la poitrine comme pour exorciser sa peine. Ses épaules s'affaissent, ses traits se rident de douleur ; en l'espace de quelques minutes, son visage semble avoir vieilli de dix ans ; les pupilles de ses yeux, autrefois étincelants, ne sont plus que deux ombres noires perdues dans les profondeurs de la souffrance.

Le soir de notre arrivée au village, l'Angkar nous attribue une petite hutte montée sur quatre pieux en bois, sans cloisons extérieures et n'ayant pour toit que quelques feuilles de palmier séchées. La majorité des maisons sont construites sur ce système à cause de la montée des eaux lors de la saison des grandes pluies et de la proximité du Stung Pursat, rivière qui conflue avec le fleuve du Tonlé Sap. En cette saison sèche, la terre rouge est poussiéreuse et désagréable. Des poules en liberté y grattent le sol et courent dans tous les sens avec précipitation et d'horribles cochons gris à tâches noires fouillent de leur groin les déchets éparpillés. Pour moi qui ai toujours habité la ville, l'idée de devoir partager mon quotidien avec ces animaux domestiques et de vivre au milieu d'une porcherie me répugne.

Les vêtements ordinaires étant interdits, on fournit à chacun un ensemble de chemises et de pantalons en coton noir qu'il faut aussitôt enfiler. À la cantine communautaire, après une longue queue d'attente en silence, nous avons droit à un bol de potage de riz très dilué saupoudré d'une pincée de sel ou accompagné d'un peu de pra-hok.

À peine installés, il nous faut participer aux réunions du soir de l'Angkar, où tous nous devons prôner les vertus de la nouvelle ère, celle de « l'année Zéro ». Au moyen de porte-voix, les cadres khmers rouges qui ont remplacé le chef de village nous instruisent sur les bienfaits et réformes que le communisme vient nous apporter. Ils critiquent l'ancien gouvernement, son égoïsme, sa corruption et clament que les notions d'école, d'argent, de commerce, de modernisation ou de religion doivent être abolies afin qu'il n'y ait jamais plus d'inégalités ni de hiérarchie entre les hommes.

Il faudra désormais servir l'Angkar, se dévouer et se sacrifier corps et âme pour lui, aimer le peuple ouvrier et paysan, combattre les ennemis de la révolution. Les gardiens nous ayant dit que les intellectuels, cadres, médecins ou fonctionnaires se trouvant parmi nous pourraient aider à l'avènement du Kampuchea démocratique, un certain nombre de personnes s'étaient présentées : elles disparurent la nuit même. L'Angkar prétend qu'elles ont été emmenées vers des camps qui auraient besoin de leur qualification, mais nul n'est dupe. Dès lors, l'appel aux « intellectuels », qui se poursuivra tout au long de notre séjour au village, ne suscitera plus de candidatures.

Mon petit Vylunel me fixe souvent dans les yeux, sa tristesse me déchire, mais dans son silence se lit une force mystérieuse qui m'encourage et m'apporte un peu d'affection.

Il a faim et maigrit à vue d'œil. Lui, d'habitude muet, tout à coup m'interroge :

– Mèh, j'ai mal au ventre et j'ai peur, je veux rentrer à la maison : combien de temps nous faudra-t-il rester ici ?

– Pas longtemps, Vylunel, endors-toi maintenant.

– Qu'est-ce qu'ils vont faire de *Bong* Pô ? demande-t-il à nouveau.

– Rien du tout, mon ange, Pô est avec *ming* Sorya dans un autre village, c'est tout.

– Mais tu sais bien que *ming* Sorya ne va pas bien s'occuper de *Bong* Pô ! Mèh, mon frère me manque, tu sais.

– Moi aussi, mais, je te promets, nous le reverrons bientôt.

– Quand ?

– Je ne sais pas encore, *kaun*[31], il faudra beaucoup prier pour ton frère, mais dans ta tête seulement, pas à haute voix !

– Tu veux dire que nous n'avons même pas le droit de prier ? insiste-t-il.

– Nous avons le droit de faire ce que nous voulons mais dans la tête, il ne faut pas que les yothears le sachent, c'est tout ! C'est comme faire du théâtre : tu as le droit de courir après un ballon, de jouer au cerf-volant, de dessiner des dragons, de chanter *Sekakahew*[32] ou d'invoquer Bouddha, mais à partir de maintenant ce ne sera que dans ta tête ! Tu crées une illusion comme dans un tour de magie ! Tu m'as compris ?

– Et si je le faisais pour de vrai ?

– Eh bien, ils feront comme pour ton petit voisin, Sotheï.

---

31. *Kaun* : terme affectueux khmer employé par une mère ou un père pour désigner son enfant.

32. *Sekakahew* : chant populaire s'adressant à un oiseau.

– Mais pourquoi ? Pourquoi je n'ai plus le droit de faire ce que je veux ? Pourquoi ils sont si méchants ? Qu'est-ce que nous leur avons fait ?

– Tu comprendras plus tard !

– Tu dis toujours cela lorsque tu ne sais pas quoi répondre ! gémit-il.

– Je ne sais pas pourquoi ils sont méchants, Vylunel, mais, parce qu'ils le sont, il ne faut pas les provoquer ! Maintenant, je ne veux plus rien entendre, rendors-toi s'il te plaît !

Près du ruisseau, nous cueillons du *sdaeh*[33] et des feuilles de citronnelle que l'on écrase avec des pierres en un liquide gélatineux et que l'on applique sur la peau contre les moustiques ou que l'on fait bouillir selon les méthodes ancestrales pour obtenir une décoction à boire. On y ramasse aussi des racines médicinales qui ont la propriété de soulager les diarrhées des enfants.

Ici, dans les arbres vivent plein d'oiseaux *kun-lok*, et leur chant d'oiseau-enfant-du-monde est l'un des plus tristes que je connaisse. Chaque fois qu'il se fait entendre, j'ai l'impression que mon cœur se brise en morceaux, ravivant mon immense peine à être séparée de Pô et Sorya. Mais la vie continue et ma capacité à affronter des épreuves aussi terribles me surprend.

33. *Sdaeh* : arbre dont les feuilles et les fleurs, contenant de la quinine, sont utilisées comme remède contre la fièvre.

Déportation des habitants des villes vers les campagnes

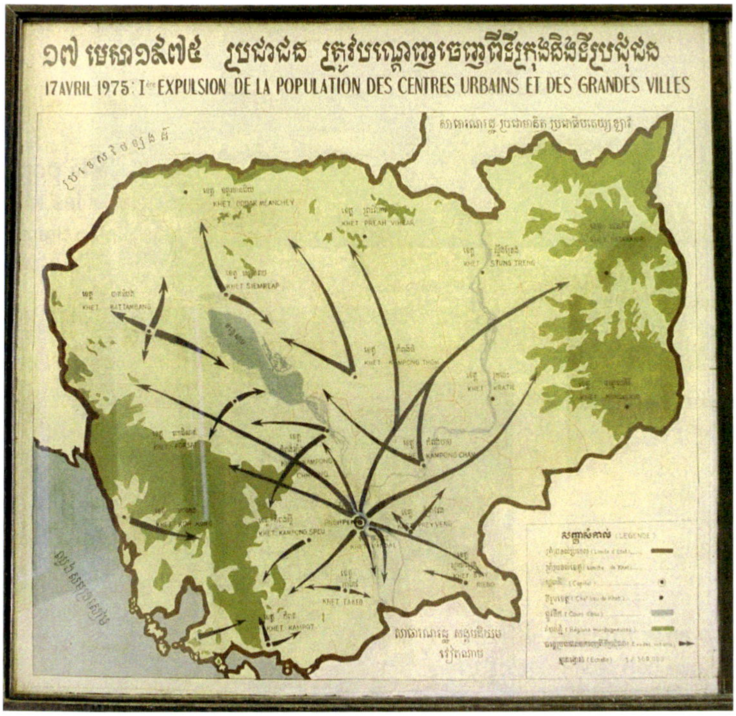

Déportation des populations de Phnom Penh
et des centres urbains vers les campagnes. (Photo DC-Cam)

Les habitants de Phnom Penh quittent la capitale
en emportant leurs maigres biens sur leur dos ou leur bicyclette. (Photo DC-Cam)

Tortures et abominations

Ces peintures réalisées par le peintre Van Nath, ancien détenu, qui fut épargné par les khmers rouges qu'il portraitisait, montrent le genre de tortures pratiquées. Van Nath vit actuellement au Cambodge. (Musée du Génocide de Tuol Sleng, photos Stefan Breuillard)

« Les polpotistes arrachent les enfants [des bras] de leur mère pour les tuer. »

« Les pinces rouges sur les seins des femmes ; les scorpions et les scolopendres font la suite du travail. »

« Mener le prisonnier mourant à la salle d'interrogatoire. »

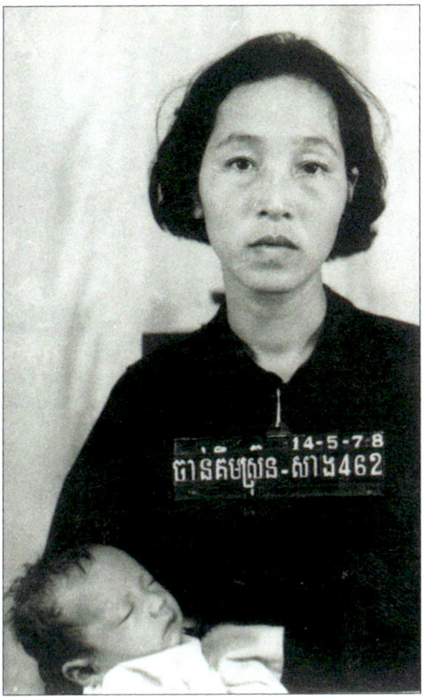

Cadavre de détenu
sur son lit
de torture.
(Photo DC-Cam)

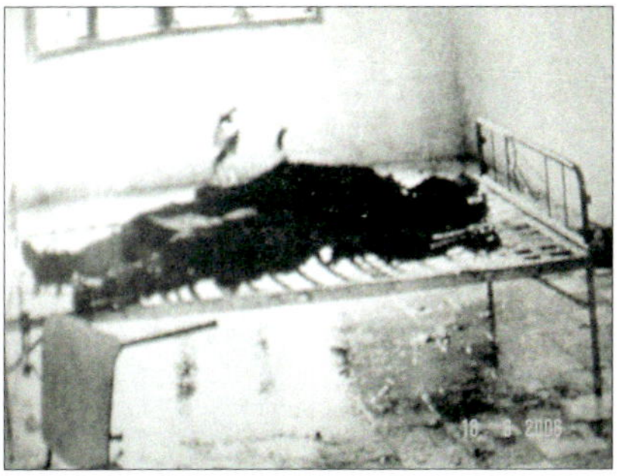

Chan Kim Srun, incarcérée avec son fils le 14 mai 1978, à la prison de Tuol Sleng et tuée d'un coup de poinçon dans la nuque, donné par un instrument inventé par les khmers rouges pour économiser les balles. (Photo DC-Cam)

Photos d'exécutions réalisées par les khmers rouges. (Photo DC-Cam)

Peinture populaire montrant des soldats tirant à vue sur des bébés jetés en l'air.
(Musée du Génocide de Tuol Sleng, photo M. Y.)

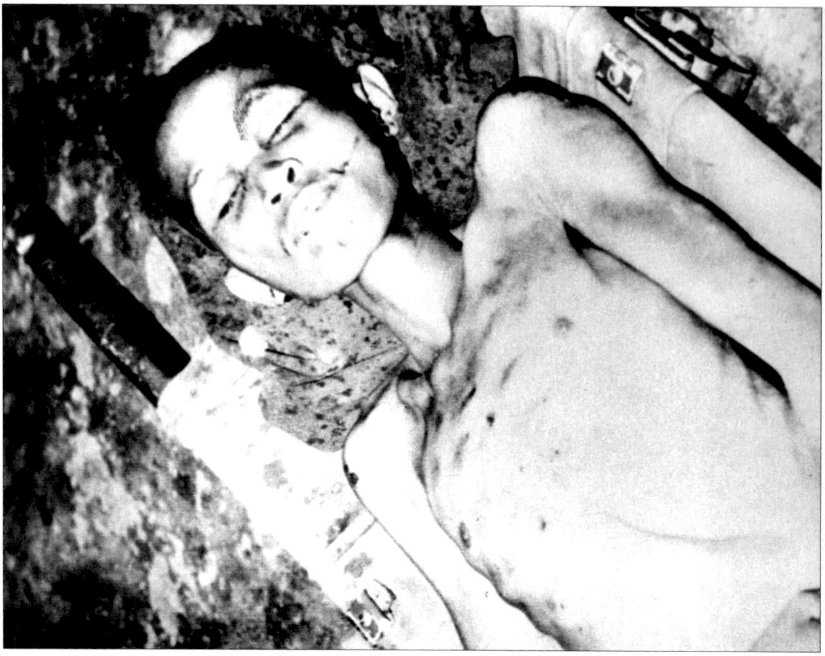

Deux victimes de la prison de Tuol Sleng. (Photos DC-Cam)

5

JUILLET 1975, LA MOUSSON

Je n'ai plus la notion exacte du temps, mais environ une centaine de jours se sont écoulés depuis notre arrivée au village. Nous devons être à la fin du mois de juillet puisque la saison des pluies, annoncée par les coassements gutturaux des crapauds-buffles, a débuté : les rizières, déjà verdoyantes, resplendissent. Il fait lourd et humide, et la pluie de mousson commence à transpercer notre paillote de fortune, mais j'aime cette saison avec ses petites averses musicales qui endorment paisiblement Sophana.

L'eau, dans notre pays, a un double visage : elle assure les bonnes récoltes et notre vie en alternant saisons sèches et saisons pluvieuses. Mère salue toujours sa venue et prétend que la pluie est dotée de vertus purificatrices qui nettoient le cœur des hommes et renouent les liens. Mais la pluie symbolise aussi la menace destructrice de l'orage qu'accompagne la foudre, ce feu du ciel qui réduit tout en cendres.

À l'aide de petits bâtons de bois plantés au sol, Vylunel marque le nombre des jours qui passent. La pluie les a maintenant largement recouverts, l'eau dépassant la moitié des piliers de deux mètres qui soutiennent notre hutte.

La fraîcheur du ciel n'a pas radouci le cœur des soldats khmers rouges qui, aujourd'hui, ont aligné une file de gens squelettiques qui n'avaient plus que la peau sur les os, les mains attachées dans le dos à l'aide d'une corde épaisse. Les soldats les ont conduits vers la grande fosse qui se trouve près du *kataran*[34] sud, là où je travaille. Ils les ont alors frappés à coups de manches de pioches et les victi-

34. *Kataran* : terme khmer rouge désignant le lieu de travail forcé.

mes, assommées et à demi-mortes, se sont écroulées dans le charnier. Rien d'extraordinaire jusqu'ici. C'est là, hélas ! un spectacle horrible et coutumier. Mais ce qui m'a révulsée, c'est que les meurtriers, comme pris d'excitation, sont ensuite descendus dans la fosse pour ouvrir les corps encore chauds.

Avec un gigantesque couteau de boucher, ils se sont acharnés sur les poitrines et en ont arraché le cœur et le foie. Couverts de sang, ils se sont distribués le butin pour le manger ! Ces hommes sont fous et, me remémorer cette scène, aujourd'hui encore, me rend malade. De telles horreurs ne s'estompent jamais.

Vylunel, qui ne parlait que rarement depuis notre arrivée au village, a fini par se taire définitivement. Je me demande s'il n'a pas pris mes conseils trop à la lettre, s'il fait semblant ou s'il est réellement devenu autiste. De lui-même, il a appris à déchiffrer le temps à travers les astres et la position du soleil. Chaque soir, il s'assied au bord de la hutte, balançant ses maigres jambes dans le vide, en accord avec les sons de la nature ; il regarde les étoiles et semble écouter l'incantation des eaux du fleuve Tonlé Sap au loin. Il murmure avec le vent un langage incompréhensible devenu le sien. Son univers semble s'être désormais empreint de sens et de magie, comme s'il vivait des expériences étrangères au monde qui l'entoure. Son unique lien avec la réalité est sa petite sœur à qui il accorde le plus d'attention. Je crois observer qu'elle aussi, dans son silence, s'est attachée à son frère et comprend le langage de ce dernier. Lui, qui passait son temps à assouvir une curiosité sans bornes, a su garder, par-delà son mutisme, l'intense désir de déchiffrer les signes de la vie, désir que l'on perd en grandissant. Je crois que mon fils parvient à survivre grâce à ce pont entre l'imaginaire et le réel, en programmant dans son esprit un univers où abondent les jouets et la nourriture, une part de bonheur en rêve.

Dès l'aube, je pars travailler dans les rizières, les champs de maïs ou la forêt, suivant la saison et le poste auquel je suis affectée. La première fois que j'ai vu la rizière d'ici, elle ne ressemblait pas à celle de mon enfance, celle que j'ai gardée en mémoire lorsque nous partions en week-end pour respirer l'air frais des campagnes. Celle d'ici évoque un vaste camp de travail « laogaï » de la Chine de Mao. À vrai dire, je n'ai jamais su travailler la terre. Au début, mon corps était toujours affreusement fatigué et je développais des courbatures et des migraines chroniques et prolongées. Mes mains et mes pieds nus saignaient et me procuraient des douleurs épouvantables. Je traversais de graves périodes dépressives et, au lieu de m'appliquer aux tâches quotidiennes, je m'égarais dans la nostalgie de mes rêves perdus. Cela me valut de sévères coups car, ici, les manières des citadines suscitent le mépris. Pour rester en vie, il m'a fallu me donner corps et âme au travail. Très vite, j'ai dû m'adapter, devenir courageuse, me dévouer pour le peuple sans ambition personnelle car, ici, l'ambition doit être celle de la productivité, et la phraséologie du travail est toujours liée à la production de masse. Le travail est comparé à la guerre et la lutte pour la production à une attaque sur la ligne de front. « Passez à l'attaque de la production et accélérez votre travail, comme le soleil qui monte jusqu'au zénith ! » Ce slogan répétitif marque le rythme infernal de mon labeur quotidien, surtout pendant la saison sèche et chaude, alors que le soleil darde ses rayons dans une chaleur suffocante.

Il n'y a, durant l'année, aucune période de repos, car en dehors des deux saisons de la culture du riz qui s'étale entre les mois de mai et de novembre, nous devons travailler à mains nues pour construire ou réparer le réseau d'irrigation. Une tâche harassante qui a coûté la vie à nombre de personnes du village. L'Angkar veut passer à une riziculture intensive, et donc irriguée, qui permettrait plusieurs récoltes sur le même sol. Il mobilise ainsi les individus pour faire édifier des barrages de déviation en travers du Stung Pursat. « Soyons déterminés à travailler dans la rizière sans compter sur le ciel ! » L'objectif est de vaincre la nature et de produire annuellement trois tonnes de riz à l'hectare !

« L'État nouveau sera rural ! Il développera la production agricole, en particulier celle du riz dont la vente permettra au pays de tout se procurer. Nous deviendrons ainsi un État indépendant qui n'aura plus besoin de personne pour subsister ! Vive l'Angkar Padevaat ! »

À partir de cette analyse erronée, les khmers rouges déduisent une politique systématique et rigoureuse dont la cohérence dans l'absurdité conduit à la démence. Avec de tels mots d'ordre, le pays va connaître la famine. Les travaux surdimensionnés et épuisants sont coûteux en vies humaines ; les sols, épuisés, seront incapables de supporter les ricicultures intensives malgré l'utilisation d'engrais humain.

Labourer, semer les pépinières, repiquer le paddy, se plier aux règles innombrables et tatillonnes, tel est mon quotidien. Si je veux survivre, je dois travailler sans essayer de réfléchir. Mon passé n'existe plus. La seule réalité est celle d'aujourd'hui, celle qu'il me faut désormais apprivoiser. Le temps, ici, s'écoule lentement, tristement, comme si l'horloge universelle s'était, pour toujours, arrêtée. La liberté, je m'en rends compte, n'a de prix qu'une fois qu'on l'a perdue.

Vylunel appartient aux groupes *komar*[35] des enfants : il passe ses journées entre les cours de l'Angkar (l'école n'existe pas à proprement parler), le ramassage des excréments d'animaux domestiques qui serviront d'engrais, et la hutte. Il fait partie du groupe des enfants d'âge moyen, prévu pour un programme d'endoctrinement qui fera d'eux la future milice khmère rouge. On lui apprend à devenir un révolutionnaire en lui inculquant des slogans sur les méfaits de l'ancienne société. « Enfants, vous êtes les enfants de l'Angkar : il est le père et la mère des petits garçons et des petites filles, vous devez l'aimer car il vous donne tout et il est votre famille ! Renoncez à vos affaires personnelles et à vos parents ! »

Les attaches familiales doivent être moins affectives qu'utilitaires : il s'agit, ici, de produire des enfants khmers rouges. Cela explique la cruauté de certains jeunes conditionnés à l'égard de leurs propres parents. Tout sentiment d'amour ou d'affection qu'un enfant porte à ses parents, ou les parents à leurs enfants, doit être reporté sur l'Angkar, source inépuisable d'amour. L'Angkar veut devenir le tuteur et le parent de tout un peuple infantilisé !

Lorsque Vylunel aura huit ans, « l'âge adulte », il sera affecté à un autre camp. L'idée de perdre un second fils me brise le cœur. Malgré son autisme, les dirigeants du village acceptent Vylunel car il obéit à tout ordre tel un chien sifflé par son maître, et participe vivement à chaque tâche qui lui est imposée sans la moindre réserve ni condition. À la maison, il se charge de garder Sophana qui, la majorité du temps, est placée dans le *manti komar*[36] sous la vigilance d'une *mèh komar*[37], une mère d'enfants qui se charge des

35. *Komar* : terme khmer rouge désignant l'enfant.
36. *Manti komar* : terme khmer rouge désignant un groupe d'enfants.
37. *Mèh komar* : terme khmer rouge désignant une « mère d'enfants », femme

jeunes de moins de trois ans. Les plus petits sont installés dans des hamacs tandis que les autres sont regroupés dans un *trung*, sorte d'estrade entourée de barreaux qui ressemble à une cage d'animaux. Les jouets étant formellement interdits, les enfants s'amusent entre eux ou avec ce qu'ils trouvent. Ils passent la plupart du temps à pleurer et à se disputer.

Mère, elle, a la chance de travailler à la cuisine collective et au raccommodage des vêtements, car les travaux de la terre, d'élevage ou d'irrigation sont épuisants : elle parvient parfois à rapporter une poignée de grains de riz que l'on mâche et avale cru, ou un petit fruit pour les enfants qu'elle cache sous ses haillons. Comme elle, les cuisinières trichent toutes, si bien qu'au fil du temps, les potages de riz deviennent de plus en plus limpides. Nous n'avons ni le droit de cueillir les fruits des arbres, ni d'entretenir un potager, et si nous en avions un, les fruits et légumes appartiendraient automatiquement à l'Angkar. La faim affaiblit nos corps et nous vivons dans la misère la plus totale : les tonnes de riz récoltées sont destinées à l'exportation vers la Chine, le pays fournisseur d'armes. Pour dix heures de travail par jour, on a réduit notre portion quotidienne à deux misérables bols de riz dilué au lieu de trois. Au réveil, nous partons travailler le ventre vide, car aucun petit-déjeuner, considéré comme un « luxe bourgeois », n'est servi.

J'ai perdu plus de 15 kg, je n'ai plus de règles et l'asthme de ma petite enfance est revenu. Beaucoup d'organismes épuisés et sous-alimentés attrapent la malaria qui fait rage. Lorsque quelqu'un tombe malade, il doit se débrouiller seul, sauf en cas de force majeure, tel un stade de grossesse avancée. L'Angkar fournit, en priorité, les médicaments aux enfants révolutionnaires qui constituent l'avenir du Kampuchea démocratique.

Je songe maintenant à tous ces mendiants que, dans le passé, je croisais dans les rues de Phnom Penh. Je les méprisais car je me sentais différente, meilleure qu'eux à tout point de vue ; je les condamnais, les traitant de paresseux ou d'alcooliques ; ils me répugnaient par leur odeur immonde, et si je leur donnais l'aumône, ce n'était que par pitié. Au même moment, je prêchais l'amour et la compassion envers les plus démunis et les plus faibles. Mon égoïsme se

---

qui gardait les enfants que les khmers rouges retiraient à leurs parents et qui devaient suivre un endoctrinement intellectuel.

dissimulait derrière des arguties et je masquais mon hypocrisie par quelques dons aux grandes causes et des offrandes aux temples. Me voici à présent dans leur condition de mendiants, goûtant à la misère de leur existence. Qui aurait cru que le retour de *karma*[38] pouvait frapper ainsi à ma porte ? Maintenant que je comprends leur souffrance, je regrette tant de choses. Mais assumer la conséquence de mes actes passés et vivre avec le sentiment de culpabilité m'est aujourd'hui une chose plus difficile que d'assumer le mensonge et l'hypocrisie.

Je me demande comment le monde extérieur réagira lorsqu'il connaîtra la vérité sur ce génocide. Peut-être qu'il ne se sentira même pas concerné, parce que cela relèvera du passé ou parce que la tragédie s'est passée ailleurs, chez les autres. Certains même fermeront les yeux parce que cela heurtera leur idéologie et leurs certitudes. Moi-même, me sentais-je concernée lorsque la télévision nous montrait des scènes insupportables ? Ma tentation, comme celle de beaucoup, était d'éteindre ou de changer de chaîne. La souffrance du monde était soudainement effacée et ma mauvaise conscience réglée. Et, sans état d'âme, je passais à autre chose ou j'allais m'acheter une robe !

Nous n'avons revu ni Pô ni Sorya. Nous ne parlons jamais d'eux ni de quoi que ce soit d'autre. D'ailleurs, il nous est interdit de parler. Aussi, avons-nous pris l'habitude de chuchoter entre nous pour passer inaperçus. Car nous vivons constamment dans l'anxiété et dans la peur ; chaque nuit, des personnes sont emmenées vers la forêt et abattues parce qu'on les accuse de comploter contre l'Angkar. Elles sont victimes de dénonciations d'individus, voire d'enfants qui, pour gagner les faveurs des khmers rouges, ont menti à leur propos lors des séances d'autocritique. Chaque nuit, les soldats patrouillent autour des huttes puis, un peu plus tard, des coups de fusil retentissent dans le noir, cela fait partie du quotidien. Des dizaines de personnes meurent chaque jour. Notre effectif de départ d'environ cinq cents est déjà, après une seule année, passé à

38. *Karma* (mot sanscrit) : principe fondamental des religions indiennes reposant sur la conception de la vie humaine comme maillon d'une chaîne de vies (samsara) et selon lequel chaque vie est déterminée par les actes accomplies dans la vie précédente.

la moitié. Par chance, personne ici ne connaît l'origine véritable de notre famille, sinon nous ne serions plus de ce monde.

Les gens nés sur ces terres, le vieux peuple, sont sombres et hostiles. Et, dans leur silence cruel, ils ne cessent de nous observer avec méfiance. Leur regard, torturé par la haine et la peur, me fait tout aussi mal que la faim qui me brûle l'estomac.

Ce soir de mousson, pour la première fois depuis longtemps, l'orage ne parvient pas à obscurcir le ciel de ses horribles ténèbres et les lames rouge sang du soleil couchant ont fini par percer les masses nuageuses noires dans une beauté digne de Michel-Ange. Mais exprimer un tel sentiment signerait mon arrêt de mort. Souvent, le jour, je me retrouve comme dans un état second où je n'essaye même pas de réfléchir tant j'ai peur des khmers rouges. Devenue paranoïaque, je suis constamment angoissée à l'idée qu'ils puissent lire dans mes pensées. Alors, lorsque la nuit tombe, je deviens plus lucide et, dans une soif désespérée de liberté, je me hâte de penser à tout ce qui nous est interdit. Non, jamais ils ne parviendront à contrôler la pensée, même si la violence physique et verbale et le lavage de cerveau risquent de changer les opinions de tout un peuple. Ils sont maîtres de nos corps, de nos paroles et de nos biens, mais mon âme reste ma dernière liberté : jamais ils ne m'empêcheront de réciter les vers de Baudelaire, de me remémorer la beauté des peintures de Monet ou de Cézanne. Le souvenir de mon père, qui m'a transmis son amour de l'art, demeure en moi telle une flamme et me réchauffe le cœur. La poésie à laquelle il m'a initiée et l'art, transformateur de l'âme, dont il faisait tant la louange m'aident aujourd'hui à transcender cette existence misérable qui est devenue la mienne. C'est là un réconfort et un espoir de survie dans ma solitude profonde et ma hantise du lendemain.

1er janvier 1976, l'année du Dragon

C'est la nouvelle année, celle du dragon de feu, mais privée, cette fois, de célébration.

Nous n'avons aucun contact avec le monde extérieur. Sait-on seulement ce qui se passe ici ? Quelqu'un nous viendra-t-il en aide ? Je me demande si Soï se soucie un peu de moi, du moins de ses enfants.

Malgré le fait que nous ayons très peu à manger, mère fait aujourd'hui l'offrande de ses deux repas pour apaiser Shiva, le dieu destructeur des mondes, les génies de la terre et les esprits protecteurs ou affamés, tandis que j'avale honteusement, sans mauvaise conscience ni délicatesse, mon bol de potage de riz, que j'estimais bien mérité.

Le nouvel an n'est guère synonyme de fête : Vylunel, fébrile, ouvre difficilement les yeux et respire avec de longs sifflements inquiétants. Il tremble de froid, fait des cauchemars, hurle et sanglote comme jamais. Décharné, il semble mourir à petit feu, refusant sa ration de potage quotidienne. Selon une méthode ancestrale préconisée contre diverses maladies, mère le masse avec une pièce de 50 riels. Cette technique de guérison douloureuse laisse pendant plusieurs jours d'impressionnantes marques rouges sur la peau, mais a pour but d'aider à la circulation du sang et à purifier le corps des infections virales. Mère ne veut pas que nous envoyions Vylunel à « l'hôpital révolutionnaire » qui n'est, en réalité, qu'une petite cabane dépourvue de tout instrument médical, et où le personnel semble n'avoir aucune formation de base.

À les regarder, lui, Sophana et mère, j'ai peur ; ma fille est maigre et dépenaillée, toujours en train de se gratter la tête transformée en un véritable nid à poux. Ces derniers ne sont pourtant pas ses seuls ennemis ; elle se bat aussi contre les vermines qui se tortillent dans les pores de sa peau ou qui lui sortent des fesses. Le jour, je ne montre jamais aucun sentiment d'amour ou d'affection à ma fille ; je ne lui adresse que rarement la parole, je ne m'occupe pas d'elle, je ne la lave pas, je ne la nourris pas, je ne l'embrasse pas. Je laisse la mèh komar et mère s'en occuper. C'est seulement la nuit, lorsqu'elle s'endort que je m'allonge auprès de son petit corps. Apaisée par son sommeil, je la regarde et bien souvent, les larmes me coulent des yeux. Sophana ne saura jamais à quel point je l'aime, elle ne s'attachera jamais à moi ; cela me fait mal au cœur mais c'est bien mieux ainsi pour notre sécurité, car ici, le sentiment maternel est assimilé à une pensée contre-révolutionnaire. Ma fille ne m'appartient pas, elle appartient à l'Angkar. Depuis que mère a soigné Sophana, celle-ci s'est beaucoup attachée à sa grand-mère et ne vient que rarement auprès de moi. Mon bébé a maintenant presque un an. À cause de la malnutrition, son corps minuscule est complètement déformé et disproportionné. Son ventre est gonflé, ses yeux et sa mâchoire semblent énormes et inadaptés à la petitesse de son visage. Elle me dégoûte presque ; on dirait un des petit singes importés de Madagascar aux yeux ronds et globuleux, qui se vendaient au marché Olympique de Phnom Penh. Je ne saurais dire si elle est ou non jolie. Pour toutes ces raisons, nous ne l'appelons désormais plus Sophana, mais lui avons attribué les surnoms de « la moche » et « la gonflée ». Aussi, ces appellations constituent une preuve pour l'Angkar que nous nous sommes détachés d'elle. Elle ne pleure plus du tout la nuit, comme si, elle aussi, s'était soumise au destin. Tous les soirs, je la retrouve installée dans le même recoin de la hutte avec un regard inexpressif d'adulte. À la voir ainsi, mon esprit ressent malaise et honte.

Notre état physique s'affaiblit chaque jour davantage ; il m'arrive parfois de rentrer du labeur à quatre pattes tant j'ai de la peine à marcher après une dure journée de travail. Le potage de riz que l'on nous sert est devenu si liquide que nous avons l'impression de boire de l'eau de pluie. En revanche, les cadres khmers rouges mangent à leur faim et sont toujours bien enrobés.

Mère n'a plus que la peau sur les os et, avec son crâne rasé, elle ressemble à une déportée des camps nazis. Chaque fois qu'elle se débarrasse du joug de son travail, mère s'effondre, comme assommée ; sa santé s'est nettement dégradée. Elle est très souvent prise de convulsions, et bien qu'elle ne se préoccupe pas de son état lamentable, je crois qu'elle est en train de développer un sérieux problème de cœur. Les khmers rouges considèrent les maladies cardiaques comme des « maladies de riches », causés par un esprit envahi par de mauvaises pensées de l'ancienne société.

Je redoute que mes enfants ne soient contaminés par les maladies qui se propagent à vive allure. Le chef du groupe komar de Vylunel a autorisé, pour mes deux enfants, une piqûre de vitamines de fabrication khmère rouge. Ils ont aussi droit à du sucre de canne et à une ration quotidienne supplémentaire de riz pendant le temps de leur guérison. Les enfants constituent l'avenir de l'Angkar et sont ici mieux traités que les adultes. Ces derniers n'ont pas le droit d'être malades et, s'ils le sont, ils sont critiqués par les responsables khmers rouges qui estiment qu'ils se sont affaiblis à cause d'un esprit confus. « Les malades sont victimes de leur imagination. » Leur portion alimentaire est alors diminuée de moitié et ils sont parfois punis sévèrement, car jugés paresseux ou indisciplinés.

Au village, les épidémies sévissent gravement et, chaque jour, des enfants meurent de sous-alimentation ou de maladie. La malaria, la dysenterie, la tuberculose et l'hépatite sont les plus communes. On rapporte que, dans le camp de Pangrolim, toute la population déportée aurait été anéantie par le paludisme.

Le couple voisin, Tévy et Rom, a déjà vu leurs deux fils mourir de dysenterie, contractée deux semaines plus tôt lors d'une épidémie. La femme a enterré le corps de son aîné et, prétendant vouloir incinérer l'autre, son cadet de deux ans, elle a, en réalité, cuit ce dernier au feu de bois pour le manger. Le choix porté sur le plus jeune des deux était-il dû à la taille du corps, plus facile à cuire, ou au fait que la chair humaine est plus tendre lorsqu'elle est jeune ? Mais comme le couple ne pouvait pas tout manger à lui seul, il nous a offert un morceau du corps : le bras gauche. Le bout des doigts brûlés ressemblait à des petites pattes noires de chauve-souris et cela m'horrifiait. Mais mère n'a pas hésité à accepter ; elle est même parvenue à faire avaler de la chair à Vylunel en la pré-mâchant. Elle l'a dupé en plaquant sa tête contre sa poitrine et en lui chuchotant les mêmes histoires khmères que Lôk Yeâh me contait. Quand sa grand-mère lui raconte des histoires, les yeux mi-clos de Vylunel s'ouvrent tout grand ou se referment sous l'effet de la surprise. Mon cadet aime surtout écouter les légendes des magiciens ; avant la guerre, il adorait taquiner son frère Pô en lui jouant des farces ou des petits tours de magie.

La chair humaine a le goût du porc, mais quand on a faim, tout semble délicieux. Mon frère, *Bong* Long, m'avait raconté l'histoire de peuples indigènes de la Nouvelle-Zélande qui se mangeaient entre eux et arrachaient la peau des morts pour en faire des capes ou même des parchemins sacrés. Je ne l'avais pas cru.

Pendant que nous mangions la chair grillée, mon asthme, comme le reflet de l'état alarmé de ma conscience, se manifesta pour souligner le malaise que mère et moi éprouvions à mordre dans la viande du petit garçon. J'ai levé les yeux sur mère, mais son visage est resté sans expression. Elle ne veut pas faire de sentiments et se contente de calmer la faim pour récupérer un peu de force vitale. En peu de temps, nous avons dévoré ce bras jusqu'à en lécher les os. Comme un signe du pardon des cieux, une faible brise apporte à la hutte une odeur de jasmin qui nous fait du bien. Mère a levé les yeux, humé l'air et s'est mise à se confesser longuement. Nous avons, tous, quelque chose à nous faire pardonner. Cependant cultiver l'indulgence envers autrui n'est pas chose facile.

La tête posée au sol, Vylunel nous regarde, songeur. Malgré le fait qu'il soit né avec la guerre civile, c'était un bel enfant épanoui avec de grands yeux rieurs, une jolie fossette sur la joue droite qu'il tient de son grand-père paternel. La fossette a disparu avec ses belles joues dodues. Il a le ventre aspiré par son estomac, les côtes qui lui jaillissent de la poitrine et la peau sèche pleine de plaies d'eczéma. Si bien que nous le surnommons « la paille sèche ». Aujourd'hui, j'ai cru apercevoir un sourire se dessiner sur ses lèvres mais je me trompe sûrement. En tant que mère, rien de ce monde n'est plus beau, plus émouvant, ni plus gratifiant que le sourire d'un enfant. C'est une chose sacrée qui ne peut que provenir des profondeurs de l'âme innocente de l'enfant, mais quand j'adresse un sourire à Vylunel et à ma fille, ils ne me le rendent pas.

Je ne trouve pas le sommeil, les nuits sont fraîches en cette saison et, pour nous réchauffer, nous dormons tous serrés les uns contre les autres. Je voudrais crier, m'enfuir, courir loin, très loin d'ici. Combien de temps arriverai-je encore à supporter cette cruauté des hommes ? Un hurlement remonte dans ma gorge pour aussitôt redescendre et se noyer au fond de ma poitrine. Je reste allongée, paralysée par la peur omniprésente, étouffant mes pleurs, dans la nuit noire et le désespoir. Ce désespoir qui ne m'épargne plus et qui, peu à peu, me détruit. Les choses s'écroulent autour de moi tandis que mes nuits sont hantées de cauchemars qui me réveillent en sursaut.

L'étincelle d'une étoile traverse le toit de chaume que mère et moi avons installé pour remplacer les feuilles de palmier qui ne protégeaient ni de la pluie ni du vent. J'entends en souvenir les accords d'une harpe : que donnerai-je pour écouter cette douce musique du répertoire traditionnel khmer qui caresse nos cœurs et atteint les âmes. Ce que j'aime le plus, c'est le son évocateur et spirituel du *khsae diev*[39], l'instrument de musique khmer le plus ancien.

39. *Khsae diev* : instrument de musique khmer à corde unique, habituellement désigné sous le nom de *kshae mouy*, il est appelé *kshae diev* à cause de l'influence thaïlandaise. Le *khsae mouy* est souvent représenté dans les temples bouddhistes

À la maison, la musique tenait une grande place, surtout la musique religieuse ; toute cérémonie, tout rituel, toute occasion, qu'elle soit heureuse ou malheureuse, s'accompagnait obligatoirement d'un orchestre.

Vylunel gigote, se tourne vers moi et m'enlace entièrement de ses longs bras maigres. Sa douceur affectueuse m'apaise et me fait oublier la haine que je ressens envers les khmers rouges. Je voudrais tant revoir mon fils Pô, au moins savoir s'il est encore en vie. Malgré la situation qui s'aggrave et les épreuves que j'endure, une grande force intérieure me porte : l'amour d'une mère pour ses petits et l'espoir de retrouver mon fils aîné.

L'OPIUM DU PEUPLE, LA RELIGION

Depuis la guerre, mère a beaucoup changé. En vieillissant, elle ressemble de plus en plus à Lôk Yeâh. Elle m'a dit, un jour, que chaque personne naissait avec un bagage karmique qu'elle allègera ou alourdira au cours de sa vie ; ainsi, tôt ou tard, nous payons nos dettes envers tous les êtres à qui nous avons fait du mal. Elle dit aussi que le karma n'est pas une fatalité, qu'il n'est pas prédéterminé mais, au contraire, créateur, puisque nous pouvons déterminer notre façon d'agir et la motivation qui l'anime. Avec une simple métaphore, elle explique à Vylunel que Pol Pot, qui s'est révélé être le véritable chef des khmers rouges, était peut-être, dans une de ses vies passées, un immense et paisible poisson et que nous, nous étions parmi les millions de petits pucerons qui s'attaquèrent tous en même temps à lui pour le dévorer. Cela expliquerait notre retour de karma et ce lourd fardeau commun qu'il nous faut tous assumer.

Mère ne parle que rarement et, lorsqu'elle le fait, Vylunel l'écoute avec grande attention tout en réfléchissant longuement sur le sens véritable des paroles de sa grand-mère.

« Ainsi, lui explique-t-elle, la qualité de notre renaissance future est déterminée par la nature de nos actions : si tu agis de façon négative, tu récolteras la souffrance, tandis que les actes positifs

anciens. On peut aussi le trouver dans le musée national de Phnom Penh. Le *khsae mouy* date de l'époque du Sambor Prei kuk, au VIIe siècle ap. J.-C.

t'apporteront le bonheur dans cette vie. Cependant, il faut que tu comprennes, cher enfant, que la portée de tes actions dépend entièrement de l'intention qui les anime, et non de leur ampleur », poursuit-elle paisiblement.

Depuis, Vylunel hésite souvent avant de manger les petites bêtes comme les vers de terre, les escargots, les cafards, les criquets, les lézards ou les souris que nous avalons crus.

En voyant mère accepter son quotidien particulièrement pénible, j'apprends la tolérance et l'importance de me sentir intimement liée à une croyance. Une remise en question profonde s'effectue en moi quant au sens véritable de ma vie. Mère va jusqu'à pardonner et éprouver de la compassion envers les khmers rouges pour l'inconscience de leurs actes ! Quelle est donc cette force qui lui permet de cultiver tant de bienveillance et de lui faire éprouver de la compassion pour ceux qui nous font tant de mal ?

Souvent, je prie Bouddha et mes ancêtres pour qu'ils me viennent en aide et me permettent de comprendre. Je me console aussi en récitant des versets sanscrits avec lesquels les vénérables sages nous bénissaient ; « *Nêt moh tah sâ*[40], *Ak kar vêk katoî, Samar sumpot…* », des paroles sacrées qui confortent mon esprit perturbé et me redonnent l'espoir.

Bien que bouddhiste par culture, je n'ai jamais été pratiquante et j'allais rarement prier dans les temples. Au Cambodge, le bouddhisme est une doctrine populaire, sans dogme figé, qui épouse facilement les croyances et les mœurs de mon pays, tel le panthéon brahmanique ou le culte des esprits. Je suis certaine que mère tient de *Lôk Yeâh* sa foi inébranlable. Avec une grande force de conviction, elle ne se lasse pas de répéter que cette existence est aussi éphémère que les nuages de la mousson et que, au cours de chacune de ses vies, l'homme vient au monde pour une tâche bien précise, s'il ne l'accomplit pas, il n'aura rien fait d'utile de son existence. Des paroles qui me maintiennent en vie car elles m'animent d'une motivation profonde : celle de trouver le pardon, ce dont je me sens encore incapable.

---

40. *Nêt Moh Tah Sâ* : « Hommage au Bouddha, Dharma et Sangha ». Prière de refuge qui ouvre chaque cérémonie bouddhiste au Cambodge.

Dans la plénitude de mes jours heureux, je n'ai jamais eu recours aux prières mais, maintenant, je sais que si, demain, un bonheur m'attendait au bout de la route, il se poursuivrait désormais vers une direction spirituelle.

Selon les khmers rouges, il faut extirper le bouddhisme, qui est l'opium du peuple, responsable de la décadence khmère depuis le XIVe siècle. Ainsi les statues de Bouddha ont été détruites, les monastères désaffectés ou incendiés, les moines dispersés ou tués. Les khmers rouges interdisent les pratiques religieuses et, sous nos yeux, incendient vivants des bonzes après les avoir arrosés d'essence.

En révolte contre les khmers rouges, la religion a commencé à m'intriguer car je me sentais condamnée. Dès lors, en l'observant de plus près, je constate que les bienfaits et mérites de la sagesse bouddhique ont une ampleur et un sens bien plus profonds : chacun d'entre nous ne serait-il pas mis dans une situation particulière pour réaliser une mission dans cette vie ? Dans mon cas, celle de survivre afin de témoigner de cette page de l'histoire, de protéger les miens, de continuer à exprimer l'amour à mes proches malgré la haine qui nous entoure, mais surtout de trouver le pardon envers ceux qui nous oppressent. Chaque soir, mère m'encourage à dire des prières ou réciter quelques *mantras*[41] qui, selon elle, protègent l'esprit de pensées ordinaires et empêchent sa perdition.

41. *Mantra* (mot sanscrit) : formule sacrée. Dans l'hindouisme ou le bouddhisme, syllabe ou phrase sacrée dotée d'un pouvoir spirituel.

6

Juin 1977, L'ennemi intérieur

Comme chaque soir, après le souper, nous participons aux réunions obligatoires, réunions d'instructions et d'autocritiques. Les chefs à tour de rôle, à l'aide d'un porte-voix, nous dictent notre conduite : « Vous devez rester fidèles à l'Angkar et l'aimer sans limites ! Ici, il est inutile d'utiliser le raisonnement, puisque les attentions de l'Angkar sont parfaitement pures ! » Les slogans se succèdent pendant trois quarts d'heure, sans relâche : « … Il ne faut pas discuter entre vous, il ne faut pas avoir de pensées contrerévolutionnaires, ayez toujours à l'esprit ces quatre règles : ne pas savoir ! ne pas entendre ! ne pas voir ! ne pas parler ! » Leurs mots d'ordre sont dictés chaque soir comme les paroles de la Bible et inscrits à la craie blanche sur un grand tableau d'ardoise à fond vert.

« Il faut travailler dur pour aider le pays, l'Angkar a donné les directives mais le travail n'est pas fait correctement, les citoyens souffrent donc comme des bêtes ! »

Ils ont des slogans pour tout : le travail, la famille, la discipline, l'ennemi… Aucun sujet n'est épargné.

« L'Angkar a les yeux de l'ananas… Si vous transgressez une seule règle, vous finirez dans les charniers ! »

On nous fait aussi écouter à la radio « la voie du Kampuchea démocratique ». L'homme nommé Pol Pot, ou « frère numéro 1 », s'est fait connaître comme la figure dominante de l'Angkar. C'est souvent lui qui s'exprime sur les ondes, parlant de l'ardente lutte des classes, de l'élimination de l'ennemi qui s'infiltre au sein de la révolution, de l'avancée économique du pays grâce à l'Angkar. Les gens n'ont découvert l'existence de l'homme fort qu'à travers cette propagande. L'identité de l'ancien secrétaire général du PCK devenu, officiellement, Premier ministre du Cambodge, était restée secrète durant toute l'ascension des khmers rouges et n'est devenue publique qu'un mois après celle-ci. Avec Khieu Samphan et Ieng Sary*, ils forment « la bande des trois », les chefs historiques qui seront plus tard tenus pour responsables de l'holocauste cambodgien.

Un des cadres du village, le camarade Soksan, particulièrement excité ce soir, prend la parole :

« Il faut anéantir l'ennemi qui nous attaque de l'intérieur, le plus redoutable de tous car il est difficile à démasquer ! Vous devez donc épier les moindres faits et gestes de chacun d'entre vous ! »

Depuis que la chasse à l'ennemi a été lancée, la réglementation du village s'est durcie. Même les enfants sont conditionnés à participer à cette psychose : « Enfants, vous êtes les enfants de l'Angkar. Vous devez lui rapporter toutes les activités de vos parents ! »

Les khmers rouges sont intimement convaincus de l'existence de complots ourdis de l'étranger, en liaison avec les services secrets des grandes puissances telles que la CIA qui, selon eux, œuvre à saper le but grandiose de l'Angkar. Ici, règne donc une atmosphère de psychose et de paranoïa contre cet ennemi intérieur :

> « Il est absolument nécessaire de tracer une ligne claire entre les "patriotes" et les "ennemis" dissimulés au sein de nos rangs révolutionnaires ! Restez vigilants et redoublez d'efforts pour expulser et éliminer l'ennemi qui se cache dans les coopératives, les syndicats et les unités, pour réussir à améliorer le niveau de vie du peuple, en remplissant l'objectif de production des trois tonnes ordonné par le Parti ! Vive l'Angkar Leu[42] ! »

Camarade Soksan est un homme jeune, à l'allure frêle, à la voix aiguë, presque féminine, toujours très propre et bien coiffé. Son apparente fragilité dissimule cruauté et autoritarisme. Sous la faible lueur d'une lampe à pétrole sur laquelle s'écrasent des milliers de petits insectes attirés par la lumière, son visage mince, énigmatique, à la fois candide et ingrat, est presque beau. Je suis effrayée par cette découverte : suis-je, à mon tour, conditionnée ?

---

42. Angkar Leu ou Angkar Padevaat : Angkar « suprême ».

On l'appelle « le chacal » et il occupe un des postes les plus importants au village : il est capable de détecter, en un éclair, la moindre anomalie. Mais le plus terrible de tous est le camarade Chea Peng, son supérieur direct.

En parlant, le camarade Soksan marche dans les rangées. J'écoute, tête baissée, car jamais je n'ai osé regarder un des supérieurs en face.

« Il faut extirper le capitalisme ; il y a des traîtres à la révolution parmi nous et l'Angkar Leu finira par les démasquer un à un. Aidez-nous à le faire en dénonçant ces criminels qui veulent saboter notre but grandiose ! » poursuit Soksan encore plus violemment.

Il s'agit ici d'une lutte engagée contre la pensée de l'individu et nous sommes « leur ennemi de l'intérieur ». Les khmers rouges considèrent la pensée comme l'arme la plus redoutable et s'acharnent à traquer toute forme de communication entre les gens. Il ne faut jamais rien laisser transparaître : nos comportements sont examinés dans les moindres détails et montrer une émotion peut entraîner la mort ! Il faut faire semblant de ne pas penser, la règle étant d'avoir le profil bas devant un khmer rouge, de ne jamais donner le sentiment qu'on pourrait comprendre avant lui, analyser, réfléchir, se mettre à sa hauteur et le déstabiliser. Depuis l'an dernier, la lutte contre l'ennemi intérieur s'est radicalement intensifiée. Le combat de classes s'appuie sur une violence sanglante et écrasante. Les intellectuels qui ont, jusque-là, survécu, sont les premiers visés et tout individu est devenu un traître potentiel.

Soksan continue son monologue absurde. La foule silencieuse, écoute quand, tout à coup, quelqu'un se lève : c'est Tévy qui se met à dénoncer son mari qui aurait servi l'ancien parti et aurait gardé l'esprit réactionnaire en projetant de s'échapper du village. « Je l'ai entendu proposer à son frère Eân de s'enfuir avec lui ! » Elle est d'un calme surprenant et cette attitude me bouleverse tellement que j'en oublie pour un instant le gargouillement de mon estomac. Je n'arrive pas à croire que Tévy puisse accuser ainsi son propre mari ! Ô mon Dieu, et si elle commençait aussi à raconter des mensonges à notre sujet ! Elle n'est pourtant pas de celles qui cherchent à se mettre en valeur ou à tenter de gagner les faveurs des cadres ? Son couple ne me semblait pas disloqué. Qu'est-ce qui lui a pris ?

Tévy est une femme au regard triste, qui parle peu. Comment expliquer cette absurdité ? Mais en moi une petite voix me dit que si elle a pu manger son propre enfant, elle est sûrement capable de bien pire. Au souvenir d'avoir moi-même partagé ce festin odieux, mon cœur remonte et j'ai la chair de poule. Je ne peux cependant rien laisser transparaître sur mon visage, au risque d'être accusée.

Les deux accusés, eux, ne semblent pas surpris et se lèvent, tête baissée, répondant humblement à l'interrogatoire.

Rom, le mari, prend la parole :

– Je reconnais que je suis une plaie de l'ancienne société, un virus pour l'Angkar Leu dont je ne respecte pas les vertus pour ne penser qu'à mon bonheur personnel. Tel un criminel, j'ai voulu m'enfuir pour détruire le parti de l'extérieur. Je demande à l'Angkar de bien vouloir me rééduquer.

Je ne reconnais pas Rom dans ces mots grandiloquents qui collent mal à sa personnalité et qui participent de cette langue stéréotypée qu'ici tout le monde pratique et qui ne signifie plus rien. Son aveu est mêlé d'indifférence et d'amertume, comme si Rom, conscient que ce genre de crime est impardonnable, allait de lui-même au-devant de sa condamnation. Tévy, assise dans l'assistance, a le visage pâle comme la mort. Le tout ressemble à une scène de théâtre où chacun joue un rôle improvisé.

C'est au tour de Eân de parler :

– Mon frère Rom et moi, sommes coupables envers la société et nous ne sommes pas un bon exemple pour le peuple. Nous remercions l'Angkar de dénoncer nos crimes et lui demandons de bien vouloir nous aider à nous reconstruire…

Il finit dans un soupir comme s'il n'en pouvait plus et ne voulait plus continuer. Tout comme Rom, il a parlé sans colère ni haine.

Soksan humilie impitoyablement les deux hommes en public avant de donner l'ordre de les emmener. Et tandis que, ligotés, ils s'éloignent sous une pluie torrentielle vers le site d'exécution de Phreh Loûn où ont été liquidées bon nombre de personnes, je me demande s'ils n'ont pas avoué pour en finir avec une vie sans espoir. J'espère au moins qu'ils mourront sur le coup, sans souffrance. La seule liberté, ici, est donc celle de pouvoir décider de sa propre mort.

Pour sa coopération, Tévy sera misérablement récompensée : quelques bananes et patates douces en échange de la vie de deux hommes. J'apprendrai plus tard que Rom et Eân furent emmenés à Tuol Sleng, le camp de torture. Ce centre d'interrogation et celui de la « S 21 » sont de sinistre mémoire. Les détenus, hommes, femmes ou enfants, y sont sauvagement torturés durant les interrogatoires parce qu'ils sont soupçonnés, à tort ou à raison, d'avoir soutenu l'ancien gouvernement. Les victimes subissent un calvaire physique et mental des mois entiers avant leur exécution finale et, pour économiser les munitions, les condamnés sont battus à mort. Les noms de Rom et de Eân figureront dans la longue liste des gens assassinés dans ce camp avec celui de mon frère *Bong* Long.

Tévy se suicidera par étouffement peu après le départ de son mari. Je ne comprendrai jamais la raison exacte de ce drame. Sans doute le désespoir. Avant sa mort, Tévy parlait toujours de l'absurdité de la vie. Et, comme beaucoup, elle est morte dans l'indifférence générale.

Tous les prisonniers du village souffrent, et la seule chose qui nous distingue les uns des autres, c'est la manière de vivre cette souffrance. Si celle-ci se partage, il n'en existe pas de commune ; la souffrance reste personnelle à chaque individu et si certains s'adaptent, d'autres deviennent fous, perdent espoir et se suicident.

Un jour, après le déjeuner, les cadres ont appelé à un ordre immédiat de rassemblement. Enfants et adultes ont été forcés de regarder un homme se faire tuer par des yothears à coups de hache pour « insolence et haute trahison envers l'Angkar ». Aucune autre précision sur la nature de ses actes n'avait été mentionnée. En nous faisant assister à la scène, les khmers rouges espèrent nous persuader de renoncer à d'éventuels « crimes contre-révolutionnaires ». Aujourd'hui, le cadavre de la victime, abandonné sous l'ardente lumière du soleil et qui commence à se décomposer, se veut un rappel à la discipline. Le corps semble crier encore. Son pauvre visage supplicié a pris un aspect étrange : la peau du crâne est venue se coller à une partie du front, la mâchoire ouverte, broyée dans sa partie inférieure, pend comme un ressort jusqu'au cou. Il semble hurler encore tandis que les pupilles terrifiées ne cessent de chercher du secours. Le dos est coupé en deux et une jambe gît deux mètres plus loin.

Après le départ des soldats, la femme du mort, Mitt Ratna, responsable de la coopérative d'élevage des porcs, s'est arrachée des bras de sa fille pour se précipiter sur ce qui, jadis, fut son mari : sous les yeux de l'enfant, la dame s'est donné la mort en se plongeant un couteau dans la poitrine. Elle est morte auprès de l'homme qu'elle aimait, comme si quelqu'un l'avait couchée exprès. Elle s'appelait Ratna, de son prénom sanscrit, qui signifie « la précieuse ». L'orpheline, chanceuse, ne fut pas exécutée mais placée sous la garde permanente d'une *mèh komar*, en âge de rejoindre le groupe d'enfants auquel Vylunel appartient, elle se fraya une place parmi les petits fantassins de la révolution. Certains enfants sont rapidement endoctrinés ; le plus souvent, les adolescents sont séduits par les discours des khmers rouges et veulent se battre à leurs côtés pour un monde plus juste. Ils finissent par dénoncer leurs propres parents pour prouver leur loyauté envers l'Angkar. Les soldats de Pol Pot semblent vouloir forger un homme nouveau en l'éduquant par la terreur : les enfants sont arrachés à leurs familles, les arrestations se multiplient et les purges s'opèrent même au sein de leur propre parti, entre cadres et responsables de coopératives. Ici, la peur, la violence et la défiance sont permanentes. Vont-ils ainsi éliminer tous les êtres sensibles et les intellectuels du pays ? Les khmers rouges se sont déjà débarrassés de tous ceux qu'ils considéraient comme leurs ennemis, ou qui incarnaient une culture décadente à leurs yeux, comme les moines, les médecins ou les artistes. L'art et la culture n'ont, ici, plus de place. Le simple fait de se retrouver en possession d'un livre ou d'un journal, ou d'avoir de belles mains lisses suffisent parfois pour signer son arrêt de mort, et les crimes les plus atroces sont, le plus souvent, le fait de l'enfant-soldat fanatisé. Les khmers rouges tentent de déshumaniser le reste de la population pour mieux la contrôler. Il m'aura fallu du temps pour admettre que nous vivons un génocide ! Cauchemar qui survient quand les lois sont bafouées et que l'idéologie relève de l'utopie. Une guerre peut s'expliquer, un génocide non ! L'inexplicable, c'est que celui qui parle pour les victimes se sent tout aussi responsable que le bourreau.

MON BOURREAU, CHEA PENG

Avant mon mariage, ma deuxième sœur et moi étions parmi les plus jolies filles de Phnom Penh. Jeunes, belles et riches, nous avions le monde à nos pieds et cela nous rendait vaniteuses. Que me reste-t-il maintenant de cette vanité ?

La belle vie, la société mondaine auront su m'aveugler sur les vérités humaines. Sans cette guerre, aurais-je un jour pris le temps de réfléchir sur les notions d'humilité et de contentement ? Aurais-je pu renoncer à mes biens matériels, à ma beauté et ma jeunesse ? Je ne vivais que pour l'apparence et le superficiel, le bonheur éphémère et la sécurité.

Aujourd'hui, ma peau est ridée, brûlée par le soleil, je me sens laide. Cependant, malgré l'état lamentable dans lequel je me trouve, je reste une femme pour les hommes khmers rouges. Aussi Mère me répète qu'il ne me faut pas montrer mon visage : le matin, avant de partir aux champs, elle me force à le couvrir de boue pour ne pas attirer l'attention du supérieur de ma section de travail, le camarade Chea Peng, réputé pour sa perversité et qui s'attarde souvent dans les groupes de femmes.

– Ni la laideur, ni la maigreur, ni la crasse accumulée sur le corps, ni le nid de poussière dans tes cheveux n'empêcheront un vicieux de t'approcher : aucun homme, en proie au désir charnel, n'a de conscience, m'avertit Mère.

En avril, mois le plus chaud de l'année, il doit faire plus de quarante degrés à l'ombre. Mais, malgré la chaleur intolérable, il nous faut continuer à travailler au même rythme sous le soleil ardent. L'air qui s'alourdit ne cesse de peser sur mes épaules ; la gorge asséchée, haletante, j'ai des accès de vertiges. La terre craquelée et béante hurle, elle aussi, de soif. Nous devons arracher les épis de maïs grillés par le soleil, à mains nues, des mains dont la peau est devenue dure et rêche, infectées au niveau des crevasses et des coupures. Les plaies tenaces saignent douloureusement ; elles me font tellement mal à chaque contact avec les plants de maïs que ces derniers apparaissent dans mes rêves sous la forme de lames aiguisées.

Le soleil est de plus en plus ardent et la tête me tourne. Même les bœufs, au corps massif, peinent à tirer la charrette. Autrefois, à cette heure-là, tout Phnom Penh s'endormait, à l'exception de père qui écrivait dans son grand bureau, fraîchement ventilé.

Beaucoup de personnes âgées ont déjà succombé ; épuisées par le labeur, battues à mort ou décapitées car trop faibles pour continuer à servir le Parti. Un soldat adolescent a enterré un vieil homme vivant dans sa position assise, laissant la tête de ce dernier dépasser du sol pour y mettre le feu. Le vieillard n'est pas mort de suite, il est resté conscient pendant de longues minutes. Lorsqu'il fut mort, on abandonna sa tête carbonisée à la façon d'un feu de bois éteint. Sans sa joue gauche qui portait quelques traces ocrées de brûlures et rappelait l'humanité du cadavre, celui-ci n'eût été qu'un morceau de charbon. Je mis longtemps à me remettre de ce spectacle cruel que je ne parviens toujours pas à oublier. Et alors, la solitude m'envahit et je désespère de l'humanité.

Selon Mère, beaucoup d'âmes qui errent parmi nous ne se rendraient pas compte qu'elles ne sont plus de ce monde. Elles resteraient prisonnières des *bardos*[43], états intermédiaires entre la mort et la renaissance dont je crains les fantômes. Sophana m'a confié que chaque nuit, lorsque le monde s'endort, quelqu'un vient s'asseoir auprès d'elle, lui parle et lui caresse les cheveux. Mais même si l'évocation des morts me donne la chair de poule, ce n'est rien en comparaison de ma peur des vivants.

Le soleil de midi est brûlant, tellement que ma tête me fait mal, comme si l'on me frappait. La chaleur est si forte que la boue appliquée sur mes joues craquelle et tiraille la peau de mon visage. Alors que je m'efforce d'arracher les épis de maïs, le camarade Chea Peng m'interpelle. Il m'ordonne de me laver le visage dans l'eau épaisse et sale d'un seau qu'il me tend. De son bâton de bois, il me soulève le menton pour examiner mon visage de plus près et m'ordonne de ne plus jamais y remettre de boue.

« Maintenant retourne au travail, espèce de sale bourgeoise ! », m'ordonne-t-il en ricanant de façon grotesque. Se faire traiter de « bourgeoise » constitue, dans ce camp, l'une des pires menaces : c'est se situer en haut de la liste rouge des « ennemis à détruire ».

Chea Peng est l'un des cadres les plus redoutables du village. Les petites crevasses sombres qui marquent son visage lui donnent un air barbare et terrifiant. C'est un homme méchant, à proprement parler, physiquement très solide car il mange à sa faim. Sous son costume noir au col Mao, toujours impeccable, ses bras et son cou laissent apparaître des tatouages. Il paraît que ce sont des tatouages magiques exécutés par des moines bouddhistes avec des concoctions secrètes et qui confèrent un pouvoir surnaturel à celui qui les

43. *Bardos* : selon le bouddhisme, états intermédiaires entre le passage de la mort et une nouvelle renaissance.

porte, car ils représentent des divinités puissantes ou des animaux sauvages. Beaucoup de yothears les arborent.

Le soleil est déjà couché derrière les montagnes, mais, étrangement, mère n'est pas encore rentrée du travail. J'entends quelqu'un monter sur l'échelle de la hutte et l'ombre géante du camarade Chea Peng envahit la pièce. Sa silhouette monstrueuse et massive me fait sursauter de terreur ; je bondis et recule sur mes fesses. Mais lui penche sa grosse tête pour mieux m'examiner et, soudainement, m'agrippe par le bras puis me retourne violemment, le ventre au sol. Je n'ose pas crier et, en m'aidant des mains et des genoux, j'essaie de fuir en rampant. Mon bourreau me rattrape par les cheveux, s'agrippe à ma taille, puis me plaque à nouveau au sol. Me tortillant dans tous les sens, je tente d'échapper à ses mains moites qui me serrent de plus en plus fort. Après avoir abaissé son pantalon, il se met à rire diaboliquement, soulève mon srahong noir et déchire mon chemisier pour tâter de ses mains géantes mon corps dénudé. Il m'arrache ensuite du sol, me retourne brusquement sur le dos et me pose face à lui, me maintenant prisonnière de tout son poids. J'essaye de me débattre, mais il me maintient en place, ma tête coincée entre mes épaules. Un corps immense aux os lourds comme des massues vient me pénétrer brutalement à plusieurs reprises. Impuissante, je le laisse casser mon intérieur, souiller mon âme. Mon corps entier suffoque de son odeur épouvantable, pleure de honte et de douleur. Je le supplie d'arrêter, mais, de sa paume, il couvre ma bouche pour m'empêcher de hurler, tout en écrasant ma joue contre le sol. De son autre main, il se met à me serrer le cou. Son corps chaud transpire, en proie au spasme le plus vieux du monde, tandis que je retiens un cri de révolte et de désespoir… Satisfait, il se relève avec dégoût, réajuste sa chemise et son pantalon, me crache au visage et me frappe à coups de pieds jusqu'à ce que je perde conscience.

Je me réveille, le corps douloureux ; le ciel étoilé semble tomber en chute libre sur moi, le moindre bruit de la nature hurle atrocement dans mes tempes et ma tête me fait atrocement mal. Je reste allongée sans bouger. Cette nuit, le monde est devenu pour moi un lieu solitaire, sombre et aride, semblable à une rizière asséchée. Je me sens seule, absolument seule. Mon corps ne proteste plus comme s'il voulait se laisser mourir.

Je retrouve ma tête posée sur les jambes de Vylunel. Mon fils pleure en silence : les larmes glacées qui coulent le long de ses joues tombent goutte à goutte sur le recoin de mes lèvres pour mourir sur mon épaule nue. Je sens ses petites mains tremblantes qui viennent me caresser lentement le front et les cheveux. Il a été témoin de toute la scène.

Son corps entier grelotte. Il me donne à boire dans une coquille de noix de coco qui lui sert de cruche. J'écrase ma bouche contre le tissu raccommodé de sa chemise pour étouffer mes longs sanglots. Les irrégularités des coutures du raccommodage qui appuient sur ma lèvre inférieure me distraient un instant de la douleur. Je regarde Vylunel avec perplexité : le clair de lune me montre son visage triste, si près du mien qu'il me semble sur le point de me tomber dessus. Il me regarde fixement avec une sorte de rage et de dégoût qu'il tente de dissimuler. Mais son regard est froid et dur et il y a cette faiblesse qui ne ment pas autour de ses yeux. Il pose sa main sur mon visage, et moi je voudrais me sauver en pleurant tant il est affreux qu'un enfant soit témoin du viol de sa mère. Au lieu de cela, je me suis piteusement agrippée au petit corps dans un besoin urgent de réconfort. Il m'adresse un sourire indéfinissable et, sans cesser de sangloter, je mets un de ses bras autour de mon cou, je lui tapote doucement la joue et le console pour qu'il se rendorme. Fatigué, Vylunel parvient à lentement laisser aller ses bras et, ses mains retournées contre le sol, s'endort.

J'ai perdu du sang. J'arrive à peine à me relever et je fouille aveuglement le sombre palier pour retrouver mes loques. Des nuages ont recouvert la lune, il fait maintenant nuit noire. Mère n'est toujours pas rentrée. Je me sens misérable, humiliée, meurtrie dans la partie la plus intime de mon être ; si sale et si honteuse que j'ai envie de me laisser mourir. Je suis sans paroles. Je hais cette existence.

Il m'est impossible de me rendormir. Un silence pesant règne, enveloppé par la nuit. Je me concentre dans l'espoir de trouver une réponse qui puisse me calmer. Je pleure seule, dans la chaleur immobile.

Recouverte d'un dégoût profond, je n'ôte même pas le peu qui me reste sur la peau, je ne me lave pas non plus, je laisse tout sécher sur moi : la sueur, le sang, le sperme, la salive, l'odeur et les larmes. Je laisse tout craqueler sur ma peau, le temps de comprendre l'injustice des hommes et de mettre ma conscience entre parenthèses.

Il y a eu ensuite un moment d'accalmie, puis tout est revenu : la recherche inquiète, l'insatisfaction, ce sentiment de vide derrière les choses, cette fermeture à la vie et ces ruminations sans fin. Il n'y a rien de plus épouvantable que cette solitude, celle de la victime. J'ai le sentiment de ne plus pouvoir vivre cette époque maudite où ma vie semble avoir perdu toute signification. Pourquoi endurer tant de souffrances ? J'ai l'impression d'avoir perdu tout lien cohérent avec la vie, les choses du quotidien, mon passé. Il ne me reste plus, comme seule nourriture, que le désir de vengeance.

Les hurlements du vent ressemblent aux pleurs de l'océan et je me souviens de ce gigantesque navire qui nous emporta, père et moi, à la découverte de la Chine, ce grand pays qu'il qualifiait de communiste. Lorsqu'il m'expliqua l'idéologie communiste, elle me semblait juste et nécessaire mais, aujourd'hui, je découvre que sa mise en pratique n'est acquise que par la violence.

Je pense au lendemain, au destin qui m'attend, s'il en est un. Rien ne semble pouvoir soulager cette douleur déchirante, cette calomnie du destin, rien, sinon la mort… L'éternel repos du corps. Et, pour la première fois, je songe au suicide collectif : noyer mes enfants l'un après l'autre, moi ensuite, pour que nous ne souffrions plus jamais.

Le suicide collectif

Le jour se lève à présent et la chaleur vibre en zigzag dans l'air du petit matin. Déjà la cloche sonne pour appeler au travail. Ce matin, le chant des coqs n'a pas su me réveiller ; mes paupières sont si lourdes qu'elles m'empêchent d'ouvrir mes yeux gonflés par les larmes de la veille. Je me sens trop faible pour travailler, mais Chea Peng envoie son assistant, le camarade Sok Ly, pour exiger ma présence aux champs. C'est dans la douleur et la résignation que je me lève et pars sous l'escorte de Sok Ly. Ce dernier me rappelle étrangement un ami de collège qui s'appelait Borad : nous étions dans la même classe, du primaire à la cinquième. Mais un jour ses parents, contremaîtres dans une exploitation sucrière, déménagèrent à Kompong Tuol. Depuis, je n'ai plus jamais revu Borad.

Le soir, à mon retour du travail, mère n'est toujours pas rentrée et je redoute que Chea Peng l'ait fait exécuter.

Je me sens fébrile, mais je tente de rassembler mes dernières forces pour emmener Sophana et Vylunel vers l'étang où nous sommes autorisés à nous baigner et à laver nos vêtements. J'emporte Sophana par la taille et Vylunel me suit. Arrivée au bord du point d'eau, la peur et le désespoir resurgissent avec violence au plus profond de moi, m'anéantissent et me brûlent la gorge. Mes larmes me trahissent et coulent subitement à flots. Je fixe mon fils avec amour et le serre longuement dans mes bras. Comme s'il percevait mon désespoir de ses yeux voilés d'effroi, il murmure : « Mèh ».

Pour la première fois en deux ans, Vylunel a parlé. Ce matin, j'avais cru ne pouvoir vivre plus longtemps : j'avais perdu le sens de l'existence et prête à m'effondrer sous un poids terrible mais, entendant la voix retrouvée de mon petit garçon, j'en oublie mon mal et mon désespoir.

– Par tous les bouddhas, on t'a redonné la parole !

– Je ne l'ai jamais perdue, mèh. Il me parle tout bas en regardant autour de lui avec méfiance.

– Ô mon enfant ! Je le saisis dans mes bras.

– Ton enfant est mort ! me répond-il d'une voix toujours très basse, presque irrité de mon élan d'amour ridicule.

– Que dis-tu Vylunel ? Je me recule, choquée par le ton de sa voix.

– Je vais tuer Chea Peng, je te jure que je le tuerai !

Il s'énerve tout bas. Il parle comme un adulte et me terrifie.

– Tu ne tueras personne parce que, si tu le fais, tu te mets à leur niveau et notre combat pour cette survie n'aura servi à rien, tu comprends ?

Je le saisis des deux bras et le regarde droit dans les yeux.

– Je m'en fiche ! Tout ce que tu racontes ne sert à rien ici ! Ici, il n'y a pas de place pour les sentiments et les valeurs humaines ! dit-il, les yeux en pleurs.

– Ma Paille sèche, par pitié, ne te laisse pas endoctriner !... Crois-moi mon fils, la victoire ne se mesure qu'aux liens humains, c'est la seule façon de transcender toute cette souffrance !

– De quelle victoire parles-tu, mèh ? J'ai dû m'inventer un monde autiste, me couper de la réalité pour survivre. *Bong* Pô n'est jamais revenu, je vois des cadavres partout, tu viens de te faire violer, tu es à moitié morte, tu étais sur le point de nous noyer, moi et ma petite sœur, et tu parles encore de victoire et de liens humains. Un jour, je me vengerai et je me débarrasserai des khmers rouges, un à un !

Des larmes de rage ruissellent sur ses petites joues, mais dans ses yeux brille un éclair effrayant.

– Voyons, arrête, Paille sèche ! Tu n'as même pas huit ans !

– À sept ans, les khmers rouges s'entraînent au tir et ont le droit de porter une arme ! me dit-il convaincu et sûr de lui. Il essuie rapidement la morve de son nez d'un revers de manche.

– Tu n'es pas un khmer rouge !

– Ne me donne pas d'ordre, je ne suis plus ton enfant. Cet enfant, je te le répète, est mort !

– Mon fils, toi qui étais toujours si doux, je ne te reconnais plus, je t'en prie, ne me dis pas tout ça !

Je m'agenouille devant lui et embrasse son front. Il est agacé, mais se laisse faire. Puis il se met en colère, me pousse vers l'arrière et se met à taper du pied. J'ai un mouvement de recul.

– Tu es comme tous les khmers, trop faible, trop docile, trop passive, mèh. C'est pour cela qu'on est tous prisonniers ici, à cause de vous tous, les lâches adultes citadins qui ont peur de tout à force de vivre dans les privilèges ! On n'en serait pas là si vous vous étiez rebellés dès le départ, mais vous vous êtes laissés faire comme de pauvres vaches !

La lueur faible de la lune me montre son visage de petit vieux coléreux. C'est vrai qu'il n'a plus rien d'un enfant, sauf la taille. Il ne pense plus et ne parle plus comme un enfant. Un chagrin douloureux s'empare de moi.

– *Kaun*, ne tiens pas de tels propos, ce n'est pas toi, tu es contaminé par la haine, tu m'effraies !

– Oui, la haine est une maladie contagieuse et il serait temps que tu l'attrapes pour enfin te réveiller ! Tu vois ce qu'ils sont en train de faire de moi : une future machine à tuer !

– Alors vas-y ! Tu veux être comme eux, c'est ça ? Eh bien, commence donc par dénoncer ta propre mère !

– Tu ne comprends rien, tu es vraiment une idiote, mèh ! Comprends que je suis bien obligé de croire à quelque chose pour vivre !

J'ai du mal à situer Vylunel dans ses propos contradictoires mais toutes ses réactions, je le sais, lui sont dictées par la peur continuelle et la solitude cruelle dans lesquelles il se trouve. Une peur née de la méfiance, de la haine, de cette ambiance terrible et malsaine qui règne au sein du village.

– Tu étais si poli, Paille sèche, tu ne m'avais jamais parlé aussi vulgairement !

Le respect, la hiérarchie et le sens de l'honneur constituent dans la tradition khmère les plus grandes valeurs du peuple, des valeurs qui me furent inculquées avec soin et que je désirais transmettre à mon fils. Un fils devenu le portrait d'une génération abîmée.

– Arrête avec le passé et tout le baratin de la politesse et du respect ; tout ça c'est terminé ! Il faut bien s'adapter, mèh ! À l'Angkar, même si les enfants n'ont pas le droit de dire de gros mots, les yothears en disent tout le temps ! Mais le premier de tes soucis, à toi qu'on vient de violer, c'est ma façon de m'exprimer. Mèh, tu es vraiment ridicule ! Il est en colère, son regard est rempli de haine.

– Oui, je me soucie de mes enfants plus que tout, de toi, mon fils, de ta génération, de toutes ces valeurs que vous aurez perdues !

– Quel tort y a-t-il de vouloir me venger de ce que cette crapule vient de te faire !

Je marque un temps de pause avant de pouvoir répondre :

– Ce n'est pas nécessaire, son karma le fera. Tu te rappelles de tout ce que grand-mère te disait à propos du karma ? Tu avais même peur de tuer le moindre insecte et voilà que tu veux te mettre à tuer les hommes !

– Oui, je me rappelle, mais j'ai changé, les enfants ça change vite, tu sais ! Je veux vivre dans un monde plus juste !

– Les khmers rouges aussi voulaient un monde plus juste, alors ils se sont mis à tuer ceux qu'ils considéraient « injustes », tu veux recommencer la même histoire à l'envers c'est ça ? Crois-moi, ma Paille sèche, tu n'obtiendras rien par la violence. On n'éteint pas le feu par le feu ! L'école de l'Angkar a vraiment faussé ton jugement !

– Ça ne sert à rien de parler avec toi. De toute façon, tu ne comprends rien !

Son visage s'assombrit. Les paroles de mon fils ne font qu'ajouter à mon sentiment d'impuissance face au destin. Son esprit malléable est déjà déformé par des pensées ignobles. Finira-t-il monstrueux comme ses bourreaux ? Je pleure, révoltée : me faut-il donc voir mon fils se transformer en une machine de guerre ?

Ma seule chance de survivre psychologiquement est de puiser dans la force de l'âme. Une force qui me semble déjà éteinte. Je sens se rassembler autour de moi tout ce dont j'ai peur : les fantômes, les mauvais esprits, les khmers rouges, et cette hantise de perdre à jamais mes enfants. Je songe à Pô en me demandant ce qu'il a pu advenir de lui.

– *Kaun*, j'ai la foi qu'on s'en sortira !

Je me dois de lui montrer l'illusion du courage jusqu'au bout.

– Tu es ridicule !

Je regarde sa bouche où je me dis qu'une explication doit forcément se cacher ; j'attendais, comme par miracle, que Vylunel redevienne l'enfant drôle et attachant d'autrefois, je voulais qu'il me dise que l'événement invisible qui nous sépare dorénavant n'a pas eu lieu, qu'il me console et me rassure. J'attends en épiant son visage, mais il se détourne cruellement et s'en va dans l'ombre de la nuit en faisant voler une poignée de poussière rouge avec nonchalance. Ce sera la seule véritable conversation que j'aurai avec lui. Je pense à la façon douce et écœurante dont les insectes muent pour grandir et changer de peau. J'éprouve une vague sensation de perte sans vouloir songer vraiment aux conséquences politiques, sociales et psychologiques de l'endoctrinement que sont en train de subir nos enfants. Je n'ose pas imaginer les problèmes dont le peuple cambodgien héritera du désastre khmer rouge. Catastrophe humaine qui, plus tard, pèsera sur le développement du pays, que ce soit dans le domaine de l'éducation puisque le système éducatif et son corps ont été complètement détruits ou dans celui de la reconstruction des villes et de la question des terres. En fait, au-delà de la remise en place d'une économie, il s'agira surtout de redonner confiance à tout un peuple. J'entrevois un avenir incertain que je ne vivrai peut-être pas.

La nuit est presque tombée : je suis restée assise, misérable sur un tronc d'arbre avec Sophana endormie dans mes bras. J'ai renoncé à nous tuer car je me sens déjà morte. J'attends, impassible, devant l'étang jusqu'à ce qu'apparaisse une silhouette qui semble marcher avec difficulté. Elle s'approche de nous et je reconnais Mère. Elle respire lourdement, ses épaules tremblantes sont courbées par la douleur et son visage est recouvert de traces de coups. La retrouver dans cet état me met en rage.

– Je savais que je te trouverais ici..., dit-elle de sa respiration haletante.

– Mon Dieu, qu'est-ce qu'ils vous ont fait ? Sa paupière gauche est si gonflée que l'œil ne s'ouvre plus.

– Nary, ma chère enfant, ne t'emporte point et pardonne-leur leur ignorance, ils ne savent pas ce qu'ils font.

Elle essaye de me rassurer et respire un peu plus calmement. Sa voix basse et sombre me parle avec dignité. Malgré son état, mère se veut sereine. Épuisée, je sens mes jambes fléchir. Les vieilles mains sèches de mère viennent retenir mon corps qui s'effondre. Je me mets à sangloter dans ses bras, comme une petite fille malheureuse.

– Mère, j'étais sur le point de noyer les enfants… puis Vylunel s'est mis à parler !

J'ai du mal à retenir mes pleurs.

– Nary, tu sais bien que si tu les faisais mourir ainsi, leur prochaine existence serait encore pire qu'aujourd'hui, car un esprit nuisible pourrait s'emparer de leur conscience pour l'accaparer à jamais ! me dit-elle d'une voix douce en me regardant avec compassion. Il y a dans ses yeux une profondeur, une lueur qui la transfigurent. Elle est tellement plus forte que moi.

– À quoi bon, mère ? Si vous voyiez l'état d'esprit dans lequel Paille sèche se trouve. Il est si petit, mais il a déjà intégré tant de haine en lui ! Je suis à nouveau envahie par l'émotion.

– Malheureusement, nous sommes au cœur d'un affrontement sanglant ; nous en payons le prix et, si nous ne pouvons pas fuir, il faut puiser en nous la force et le courage de rester disponibles jusqu'à ce que la bataille s'arrête.

Je sens s'éveiller en elle d'autres pensées que je suis incapable de déchiffrer, mais je suis tellement fatiguée qu'il me faut me concentrer pour saisir le sens de ses mots. L'air frais caresse mon visage et les divinités protectrices semblent avoir pris possession des lieux. Je pleure de gratitude d'avoir mère avec moi ; la souffrance n'est donc pas en dessous de la dignité humaine. Comment mère parvient-elle à ne pas sombrer dans un tel drame ? Je suis persuadée que c'est de la foi que lui vient cette grandeur.

Serait-ce à la lumière de la souffrance et dans les pires expériences de la vie que se révèlent les véritables qualités de l'être humain ? Depuis ce jour, je voue à ma mère un profond respect. Mère est un exemple de vertu. Son attitude égale celle d'un *bodhisatva*[44].

Sur cette pensée, j'ai été saisie de vertiges et j'ai perdu conscience.

---

44. *Bodhisatva* (mot sanscrit, qui est la voie de l'éveil) : sage qui est destiné à devenir bouddha, mais qui retarde sa délivrance pour exercer sa compassion envers les êtres.

7

AOÛT 1978, CHASSEUR D'ARCS-EN-CIEL

Plus d'un an a passé depuis le viol. Entre-temps, dans un mélange de plaisir, de vengeance ou de culpabilité, camarade Chea Peng ne m'a épargnée ni verbalement ni physiquement, me donnant toujours plus d'heures de travail. À chacune de ses apparitions, je lutte intérieurement contre un profond désir de vengeance, essayant d'oublier une blessure qui n'a pas eu le temps de guérir. Parfois je me demande si un bourreau se remet en question et comment il peut vivre en gardant en lui d'affreux secrets et en ayant commis des actes immondes. La culpabilité peut-elle pénétrer son âme ? Et qu'est-ce qui est le plus dur, être victime ou être bourreau ?

Sophana a maintenant trois ans et demi, elle marche seule et parle déjà parfaitement le langage de bois des khmers rouges. La façon dont elle réussit à grandir et à s'adapter aux événements m'impressionne. Chaque soir, je l'observe attentivement en me demandant comment le nouveau-né a pu survivre jusqu'à maintenant. Mère dit que Sophana n'est pas une petite fille ordinaire, mais qu'une ancienne âme habite ce petit corps d'enfant.

Son regard me rappelle étrangement celui de Lôk Yeâh dont les paroles me font réfléchir de longues heures. Ne me disait-elle pas que nos enfants ne nous appartenaient pas, ni à leur naissance, ni durant leur vie, ni durant leur mort ; nous mères, tel un vase, n'accueillons leur corps que pour leur donner une existence éphémère, tandis que leur âme repart libre vers les demeures du lendemain.

Un soir de la mi-août, en rentrant du travail, j'aperçois une silhouette qui se tient debout dans un recoin de la hutte. Je me frotte les yeux car je crois reconnaître Pô.

– Nary, viens vite, Pô est de retour ! s'écrit mère, joyeuse pour la première fois.

Il s'agit bien de mon fils aîné que mère enlace dans ses bras. En m'apercevant, mon fils se lève, s'arrache aux bras de sa grand-mère, descend l'échelle à toute allure et s'élance vers moi pour se serrer contre ma poitrine. À le retrouver, la joie s'empare de moi comme jamais je ne l'ai ressentie.

Pô n'a pas grandi et son visage, presque méconnaissable, est sale, émacié et fatigué. Un visage hâlé par le soleil et le grand air de la campagne. Son corps décharné flotte dans un vieux complet noir délavé.

Mon petit pleure abondamment, sa tête se réfugiant entre mes seins devenus secs comme de vieilles grappes de raisins. Ses genoux, maigres et pointus, s'enfoncent en moi comme s'il voulait me percer l'estomac. Pendant un court instant de bonheur, mes doigts rêvassent dans ses cheveux épais et gras.

– Mèh, j'ai vu un arc-en-ciel ce matin, et ce soir, je vais mourir, me dit-il d'un ton grave tout en reniflant machinalement.

Je suis d'abord choquée par le son de sa voix qui a mué en une voix d'adolescent. Il a perdu l'accent de Phnom Penh et a pris celui des gens d'ici.

– … Un certain camarade Chea Peng m'a envoyé ici pour te le dire, murmure-t-il en évitant mon regard.

Quand il a prononcé le nom « Chea Peng », mon visage a sombré. L'homme n'allait tout de même pas s'en prendre à mon fils ! Je crains le pire… À l'instant même, j'ai tout compris, sans oser me l'avouer. Alors j'ai triché sur le destin en implorant les divinités : « Par pitié, Bouddha, protégez mon enfant ! »

– Non, mon fils, tu te trompes, on va tous se sauver et tout s'arrangera.

Je tente de le rassurer. Mais il sait. Il a accepté. J'ai pu regarder la souffrance au fond de ses yeux et mes interrogations désespérées ont enfin obtenu leur réponse : la grande absurdité de ce génocide a fait place à un ordre inhumain et à une cohérence impitoyable.

Je tombe à genoux et enlace mon fils en sanglotant. Un instant la douleur s'égare et me revient la nostalgie de Lôk Yeâh, des temps heureux lorsque, de son vivant, je m'endormais à ses côtés.

– Mèh, J'ai volé du *takeun*[45] dans le jardin communal qui n'est réservé qu'à l'ancien peuple, m'avoue-t-il d'une voix tremblante.

45. *Takeun* : liseron d'eau. Légume vert abondant au Cambodge qui se cultive dans l'eau et se répand abondamment par marcottage. Les tiges et les feuilles se consomment crues, cuites à l'eau ou dans des « soupes ».

Les massacres perpétrés par les khmers rouges

Corps de religieux.
(Photo DC-Cam)

Monceau de cadavres.
(Photo DC-Cam)

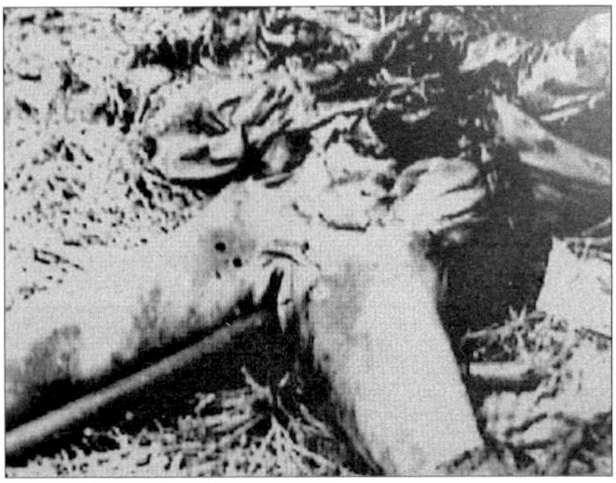

« Jeune fille violée et assassinée par les khmers rouges. On voit encore un bâton de bambou planté dans son sexe, expression d'une barbarie extrême. »
(Photo DC-Cam)

Homme supplicié. (Photo DC-Cam)

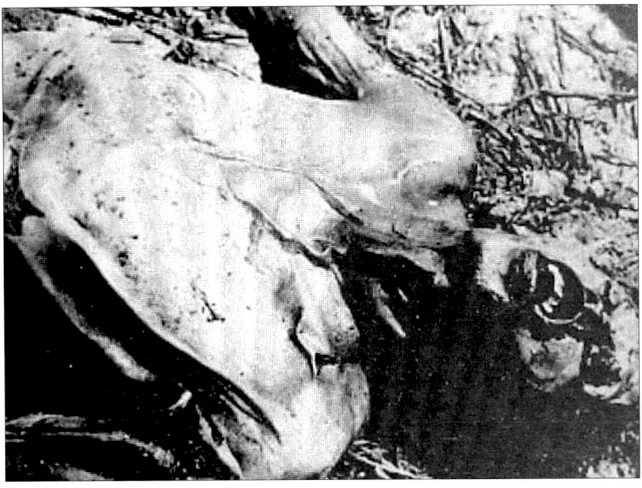

Fillette assassinée.
(Photo DC-Cam)

Famille massacrée.
(Photo DC-Cam)

Bébé tué à coups
de faucille. (Photo DC-Cam)

Charnier avec lambeaux de vêtements. On a retrouvé au Cambodge
20 000 charniers des victimes des khmers rouges). (Photo DC-Cam)

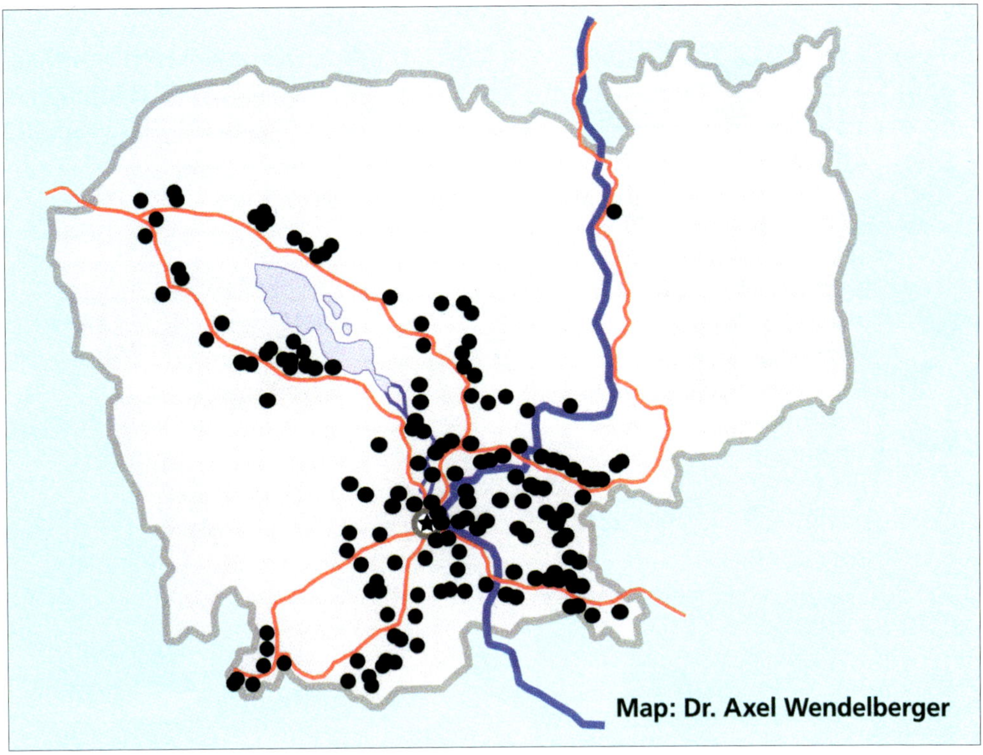

Carte des charniers retrouvés.
(Extraite de *Cambodia 1975-2005. Journey through the Night*.
Friedrich-Ebert-Stiftung, 2006).

Ossements de victimes portant encore les liens qui les attachaient
et les bandeaux qui voilaient leurs yeux. (Photo Davis Gray)

Charnier dans la campagne cambodgienne. (Photo DC-Cam)

Ossuaire de la prison de Tachan (province de Ta Kéo). (Photo DC-Cam)

Ossuaire de la prison de Sang (province de Kandal).
(Cette prison était auparavant une école normale d'instituteurs, construite en 1953.)
(Circa, photo David Hawk, 1979)

Libération de Phnom Penh par les khmers sors (khmers « blancs »).

Entrée des libérateurs. (Photo DC-Cam)

Avancée des troupes dans la ville. Au fond le marché olympique. (Photo DC-Cam)

Progression des troupes aux abords du Palais royal. (Photo DC-Cam)

Khmers rouges capturés.
Certains d'entre eux habitaient
le même village que leurs victimes.
(Photos DC-Cam)

Sur cette photo, on distingue,
à droite de la mère portant son fils,
un soldat khmer sor avec son arme.
À côté, on devine un khmer rouge
les mains liées dans le dos.
(Photo DC-Cam)

Enfants rescapés. (Photo Circa)

Retour des rescapés. (Photo Circa)

Phnom Penh dévastée.

Un bonze
dans sa pagode en ruines.
(Photo Circa)

Les ruines de la Banque nationale du Cambodge.
(Photo Circa)

Cambodge d’aujourd’hui

Nary et sa sœur Sorya,
Phnom Penh, 2005. (Coll. privée)

Retour de l’auteur à Phnom Penh en 2006.
Sophana sur les rives du Tonlé Sap. (Photo M. Youngs)

Sophana et les élèves
d’une école primaire locale.
(Photo M. Youngs)

Bonzes cheminant
le long d’une rizière.
(Photo M. Youngs)

La splendeur d'Angkor Vat.
(Photo M. Youngs)

Représentation de Bouddha dans la ville d'Angkor, symbolisant le sourire khmer.
(Photo M. Youngs)

Phnom Penh.
Le jardin du Palais royal.
(Photo M. Youngs)

Phnom Penh : quelques types d'architecture. (Photos M. Youngs)

Maison de style khmer.

Maison de style français.

Maison coloniale.

Scènes de rue à Phnom Penh. (Photos M. Youngs)

Le cycliste et l'éléphant longeant le Palais royal.

Vendeurs ambulants.

Jeunes étudiantes.

Danseuses apsariennes. (Photos M. Youngs)

Danseuse classique
dans le temple d'Angkor Vat.

Cours de danse à Phnom Penh,
à l'école d'art classique.

Apprentissage
de la danse traditionnelle.

La maîtrise de la danse
passe aussi par l'élégance
et la souplesse des mains.

Marchés et artisans. (Photos M. Youngs)

Préparation des cannes à sucre pour le marché.

Le marché de Psar Thué à Phnom Penh.

Un tailleur pédalant sur sa vieille Singer.

Pêcheur du Tonlé Sap.

La vie aux champs. (Photos M. Youngs)

Attelage de zébus
sur un chemin de campagne.

Jeune garçon
tirant l'eau à la pompe
dans un village
des environs de Phnom Penh.

Coucher de soleil sur le Tonlé Sap.

Il fixe ses mains, comme il le faisait toujours lorsqu'il réfléchissait.

Voler étant considéré comme un crime très grave, je savais que le camarade Chea Peng qui m'en voulait personnellement serait sans pitié : ce démon allait saisir ce prétexte pour tuer mon fils. Pô cesse un instant de pleurer comme pour reprendre son souffle et me fixe longuement d'un regard à la fois doux et terrible.

– En marchant ce matin jusqu'ici, j'ai rencontré un ange sur mon chemin. Il m'a souri et a disparu, me confie-t-il calmement.

Sa confusion mentale et la « folie » de ses paroles me donnent la chair de poule et rendent les vieux contes de grand-mère plus réels que jamais. Qu'ont-ils fait à mon pauvre fils ? Il a dû être témoin de choses horribles, mais, loin de lui poser d'autres questions, je me force à savourer les derniers instants qu'il nous reste.

Trois années d'absence et de lourds secrets nous séparent à présent qui font de nous deux âmes solitaires, deux inconnus qui s'aiment dans ce silence et cet instant que je sais éphémère. J'attarde mon regard sur le visage de Pô, comme pour en retenir le moindre détail ; je recherche les doux traits que j'ai connus, ceux du petit garçon heureux. À la place, sont déjà apparues des rides d'expression dans lesquelles se lit la souffrance.

Ses yeux, pleins d'humanité, se posent calmement sur moi pour me sonder du fond de leurs abîmes noirs. Je les embrasse comme pour les bénir à la façon d'un prêtre catholique.

Il fait si bon et cette nuit semble si paisible ; dans le bleu marine du ciel, on observe quelques étoiles étincelantes. Pô a toujours cru qu'après notre mort, nous devenions des étoiles. Cet enfant est mon bonheur, ma faiblesse ; sa sensibilité me touche profondément. Instant précieux qui est notre dernier moment. Je me retiens de pleurer, j'enlace mon petit et le serre très fort contre moi.

– Pô, je t'aime, mon fils, tu m'as tellement manqué !

– Ne t'en fais pas, chère mèh, je n'ai pas peur, tu sais, mon seul souhait avant de mourir serait de boire un grand verre de lait frais et de manger un œuf de cane salé au jaune considérable ! me dit-il sereinement, bien que ses yeux soient voilés de larmes.

Je lui donne un sourire en remplacement de ce plaisir culinaire qu'il demande et que je ne peux lui offrir. Je me sens affreusement coupable et impuissante. Il me rend un sourire généreux, venu du fond de son âme, d'un abandon si passionné, si intense que j'en ai presque mal. Tout l'amour et l'affection qu'un enfant peut donner à une mère sont dans ce sourire.

– Sophana a bien grandi, promets que tu lui en feras goûter un jour, parce que c'est tellement bon au petit-déjeuner ! Et où est le petit clown ?

– Il rentre bientôt, il voulait tant te revoir !

– Tiens, c'est pour ce petit singe !

Il me tend un morceau de bois dans lequel il a entaillé l'image d'un singe, je parie qu'il est toujours aussi farceur ! Il sourit à nouveau.

À peine a-t-il prononcé ces mots que survient le camarade Chea Peng, accompagné du camarade Sok ly et d'un soldat de la coopérative de Pô.

– Ah ! que c'est beau l'amour d'une mère ! lance Chea Peng, moqueur, les yeux luisant de haine.

Les deux autres responsables, plus jeunes, se tiennent immobiles à ses côtés, le regard dur et grave.

Mère, accroupie, sursaute telle une lionne pour cacher la petite derrière elle. Très vite résigné sur son sort, Pô se redresse de toute sa hauteur pour se dérober à mes bras. Mes jambes se lèvent d'instinct, je bondis du sol pour essayer de le rattraper, mais mère me retient fermement le bras.

– Laisse-le partir, c'est son heure, me dit-elle avec âpreté, d'une voix basse et brisée.

Pô s'est dégagé, il veut marcher seul, parfaitement seul, comme il a toujours fait, seul devant une famille devenue spectatrice de son drame, seul devant ses bourreaux, devant les génies de la terre, de l'eau, de l'air, du vent et du feu, seul devant les esprits qui l'entourent, comme s'il lui fallait accomplir seul son destin.

J'observe ses moindres mouvements, les poings serrés à se briser. D'un krama, je couvre ma bouche pour étouffer mes cris de douleur.

Digne, il s'avance vers les hommes, la tête droite et le menton relevé. Il se retourne un bref instant pour nous adresser du regard un signe d'adieu. Je hoche douloureusement la tête, puis détourne les yeux pour éviter le spectacle sanglant qui se prépare, mais le camarade Chea Peng soulève mon menton avec force, en me fixant droit dans les yeux, et, de son haleine épouvantable, me souffle ces mots atroces : « Maintenant, regarde mourir ce parasite ! »

Mon cœur bat à grands coups, dans l'attente du pire... Puis vient ce sourire triomphant sur les lèvres de Chea Peng et, comme dans un ralenti de cinéma, il me semble voir la balle de cuivre creuser un trou presque parfait dans le crâne de mon enfant qui est rejeté brutalement en arrière. La tête explose, le corps est arraché au sol par la violence de l'impact.

Il y a tout à coup ce silence où tout s'arrête. Puis la seconde d'après, la panique surgit, comme un coup de tonnerre. Sophana sanglote de terreur, les poings pressés contre sa bouche, la salive au coin des lèvres. Mère frémit en silence, pareille à un fantôme. De ses bras, elle entoure le maigre cou de Sophana et ne lâche plus la petite fille traumatisée. Les sanglots de Sophana se disloquent rapidement. Du dos de sa petite main, elle tente d'écraser les larmes qui glissent le long de son cou. Seul, Vylunel manque à la scène.

– Dans quelques jours, tu seras habituée et tu n'y penseras plus !

Chea Peng me libère le menton, puis s'adresse à Sophana : « La vie est cruelle pour les bourgeoises ! Ne prends surtout pas exemple sur ta mère, petite bâtarde ! » Ma fille se recroqueville comme un escargot dans sa coquille.

Mon corps tremble sous le feu d'une colère muette qui, de l'intérieur, me dévore. Pourquoi le camarade Chea Peng s'acharne-t-il ainsi sur moi ?

Après le départ des khmers rouges, je ne parviens toujours pas à retrouver mon calme, remplie par un sentiment d'effroyable gâchis, d'injustice absolue. Je décharge violemment ma haine en me frappant la tête à coup de poings, puis dans une sorte de délire je me mets à crier : « Un enfant ne se doit pas de mourir avant sa mère ! Tuez-moi d'abord ! Tuez-moi d'abord ! Mais pas lui ! Pas mon enfant ! »

Pô s'en est allé pour toujours. L'âme va bientôt quitter son enveloppe. Il suffit d'un bref instant pour mourir et nous sommes si vulnérables.

À son retour, Vylunel voit le cadavre de son frère au pied de la hutte, mais il est monté sans rien dire et est allé se coucher comme à l'habitude. Cette indifférence feinte cache mal sa colère. Je sens son énergie envahir la hutte, comme s'il était une bombe à retardement sur le point d'exploser. Mais lui et Sophana ont fini par s'endormir. Sans un sourire. Je pose la petite sculpture auprès de Vylunel.

Il la trouvera en se réveillant. Mère n'a pas dit un mot, pas versé une larme, elle s'est contentée de me tenir la main un bref instant, puis s'en est allée prier.

Me voilà seule devant le corps de mon fils. J'attendais ce moment pour me calmer et me retrouver avec lui. Mais, très vite, la colère reprend le dessus et me gagne de toutes parts. Pô est parti et tout s'effondre autour de moi tel un château de cartes. La mort d'un enfant est inacceptable, inexplicable : la solitude, le mutisme et l'incompréhension remplacent le dialogue. Me voici entrée en deuil, entrée en guerre…

Le cadavre gît sous la clarté lunaire, le visage défiguré, mais son corps est resté intact, étendu dans une coulée de sang limpide, à l'image des cérémonies de sacrifices où un sang épais est offert aux sorcières. J'ai l'impression bizarre d'être la mère d'un animal sacrifié et de me demander si les animaux peuvent, eux aussi, ressentir la haine des humains.

La tête de mon enfant gît à la façon d'un puzzle renversé, tandis que le corps est en repos, comme soulagé. Je connais si bien cette solitude, celle de la victime, maintenant celle de mon fils qui, à présent, ne pense plus, ne s'inquiète plus. Ce corps sans tête semble dormir comme il a toujours dormi, à l'abri de la vie, dans une grande paix. Et il m'apparaît maintenant si libre qu'un instant ma fureur laisse place à une certaine sérénité.

Je m'approche pour parler tout bas à son cœur : « On se retrouvera dans ta prochaine vie et on mangera des œufs de canes au jaune considérable… »

La nuit est tombée. Ne sachant comment apaiser mon désespoir et l'innommable douleur qui me taraude, je me réfugie près du ruisseau. Assise au pied d'un cocotier, seule, les genoux relevés contre la poitrine, telle une louve qui a perdu son petit, je pleure la mort cruelle de mon fils et je gémis, seule, dans l'abîme nocturne. Il me faudra attendre la nuit profonde, attendre que le monde se taise pour pouvoir hurler, blasphémer, accuser ! J'en ai appelé aux dieux protecteurs et les ai rendu responsables. Me sera-t-il possible de pardonner à son assassin et de me défaire de la haine qui me dévore ?

Au-delà de la douleur, la mort d'un enfant est une bataille de plus, brève, violente, qui fortifie mes convictions. Une phase nouvelle de ma vie vient de commencer : maintenant que mon fils est mort, la lutte pour mes deux autres enfants submerge tout. Tous les rêves de jeune fille que j'abritais encore dans un coin de ma tête devront désormais descendre dans mon cœur. Autrefois, j'aurais demandé l'aide spirituelle et affective de mère en me disant que je ne m'en sortirais jamais seule mais je me sens tout à coup plus forte, plus courageuse. C'est en écrivant tout cela que je parviens à faire le deuil de mon enfant et à m'affranchir du désespoir. Désespérée de l'avoir perdu et ne vivant plus alors que de son souvenir, je me préparais à une grande période de souffrance.

Grâce à l'écriture, je me détache de ce sentiment destructeur et me réapproprie l'âme de mon fils que je vais cacher, retenir entre les lignes, pour jouir seule de son amour. Je vois son sourire et je me sens libre, riche de sa présence, même si cette vie est restée inachevée, la vie de mon fils aîné, Pô, à qui je dédie ce livre.

Je lève les yeux au ciel. La lune dessine un halo semblable à un arc-en-ciel qu'il me semble pouvoir toucher en tendant la main. À l'école, on surnommait Pô le chasseur d'arcs-en-ciel.

8

Août 1978, l'évasion

Je suis réveillée en sursaut par de fortes détonations. Selon les rumeurs, les *Yoûns*[46], militaires vietnamiens, seraient sur le point d'envahir le Cambodge. Ils auraient déjà franchi les frontières nordiques du Kampuchéa et parviendraient bientôt jusqu'à nous. On raconte que ces derniers luttent depuis le début de la chute de Phnom Penh contre les khmers rouges pour sauver le peuple cambodgien. Situation démente : les Vietnamiens tentent de libérer les Cambodgiens d'un régime de terreur qui leur est imposé par leur propre peuple !

Chez les khmers, la haine viscérale des Yoûns est une sorte d'héritage national qui se transmettait de génération en génération depuis 1834, date de la politique d'annexion du Cambodge par les Vietnamiens*. En effet, ceux-ci, lors de leurs invasions barbares, ont laissé un traumatisme et une rancœur dont les khmers ne se sont jamais défaits. Mais peu m'importe que les Yoûns envahissent notre territoire s'ils combattent Pol Pot et ses soldats. Si les Yoûns l'emportent, nous serons délivrés des khmers rouges et nous pourrons enfin retourner à Phnom Penh. Au lycée, en biologie, j'ai appris que la biodiversité augmente avec le brassage génétique et donc avec le mélange des ethnies. Le khmer est lui-même originaire des Indes. Une légende raconte qu'un brahman indien aurait épousé une sirène des eaux du Mékong et que de leur union naquit le peuple khmer. Après tout, nous constituons une même espèce vivante habitant sur une planète commune, que nous avons divisée en « territoires » au cours des guerres religieuses ou ethniques. L'his-

46. *Yoûn* : mot khmer désignant le Vietnamien.

toire continue à se répéter inlassablement, dans le cercle sans fin de la naissance et de la mort : génération après génération, nous nous sommes battus, aimés, avons construit, détruit pendant des siècles entiers. Et les rois, les empereurs, tous ces conquérants immortalisés dans des monuments ou chantés dans des livres d'histoire, qu'ont-ils apporté ? Et à quel prix ?

Depuis la mort de Pô, je vis dans une anxiété constante, car au village, des familles entières disparaissent. Ici, règne la terreur, un climat de peur qui se lit sur tous les visages, même sur ceux des enfants qui ne jouent désormais plus entre eux. Depuis les rumeurs d'invasion vietnamienne, les cadres sont devenus plus prudents et les yothears montent la garde jour et nuit sans interruption. À tour de rôle, les villageois doivent les relayer pendant la nuit, mais mère et moi sommes exemptées du tour de garde ; elle du fait de son âge et moi parce que ma fille est encore trop jeune. Chaque fois que j'entends les pas des gardiens pendant leurs rondes de nuit, je retiens ma respiration tant j'ai peur que l'un d'entre nous soit emmené. Malgré la tension qui règne dans le camp, la chaîne de radio révolutionnaire ne cesse de louer la gloire de l'Angkar et ses victoires, sous la direction clairvoyante du frère numéro 1.

Les cadres du village sont devenus très méfiants. Sans grand discernement, ils arrêtent tous ceux qui leur apparaissent comme traîtres potentiels à l'Angkar et nous poussent davantage encore à nous dénoncer mutuellement. La chasse nationale à l'ennemi redouble : les khmers rouges tentent de diviser pour mieux régner. Même au sein de leur propre parti, la défiance règne plus que jamais.

Nous devons signaler tout ce qui nous semble suspect chez les khmers rouges, sous peine d'être nous-mêmes accusés. La lutte des classes est devenue acharnée. Chaque jour, chaque nuit, nombre de gens sont éliminés : nous ne sommes plus qu'une cinquantaine au village. Dans les réunions d'autocritique, lorsque quelqu'un est accusé d'un acte contre-révolutionnaire, personne n'ose se lever pour le défendre, pas même sa propre famille. Nous n'avons aucune liberté d'expression et vivons l'enfer au quotidien.

Souvent, je m'accroupis au sol, dans un recoin de la hutte, celui où se tenait Pô avant sa mort et, ainsi blottie, j'écoute au-dedans de moi pour retrouver un peu d'éternité et y puiser un reste de force.

Un soir, à ma grande surprise, camarade Sok Ly est venu en cachette me dire que les khmers rouges ont découvert nos origines et parentés politiques. Désormais, qualifiés de « mauvaises graines » ou d'« éléments peu sûrs », à l'heure où la lutte des classes bat son plein, nous n'allons pas tarder à disparaître. Je redoute aussi que Vylunel, qui vient d'avoir huit ans, ne soit emmené dans la coopérative milicienne.

Ainsi, Sok Ly est bien l'ami d'enfance que j'avais cru reconnaître et dont Borad est le véritable prénom. Pourquoi ce gentil garçon a-t-il rejoint les rouges ? Il n'a pourtant jamais développé une haine viscérale envers la bourgeoisie. L'a-t-il fait par amour pour l'idéologie communiste, par erreur, par peur ou par nécessité ? Tous les khmers rouges ne sont donc pas des monstres ? Voilà que mes anciens jugements entre le bien et le mal sont ébranlés et je m'interroge de plus en plus sur la faiblesse et l'ignorance des hommes.

Borad semble brisé quelque part, son agressivité s'est éteinte, ce qui donne à son visage une certaine bonhomie. Mon cœur se serre quand je repense qu'il était un khmer rouge le jour de la mort de Pô.

Avec l'aide de Borad, mère et moi échafaudons un plan stratégique pour faire évader la famille en pirogue cette nuit même. La perspective de partir me semble encore impensable comme si ma vie s'était réduite aux mois passés ici et que mon destin s'inscrive dans une sorte de fatalisme. Borad m'informe qu'une rébellion khmère *sôr*[47] a commencé à se manifester dans plusieurs coopératives voisines et que beaucoup de personnes se seraient déjà échappées de ces camps, notamment dans le district 0401 de Baribour. Plusieurs responsables khmers rouges seraient même tombés sous les balles des résistants.

Le jour décline et le coucher de soleil n'a jamais semblé aussi magnifique, colorant chaque chose d'une lumière que je n'avais plus appréciée depuis longtemps. Aujourd'hui, le monde semble coloré alors que je l'avais longtemps cru transparent. Le ciel commence maintenant à s'assombrir ; les nuages viennent timidement cacher la pleine lune, l'humidité de l'air se condense et la nuit tombe rapidement dans un épais brouillard.

---

47. Khmer *sôr* : khmer « blanc », nom donné à la résistance par opposition au khmer rouge.

Ce soir-là, après la nouvelle apportée par Borad, nous ne sommes pas convoqués à la réunion quotidienne. C'est sûrement là que les khmers rouges formuleront publiquement les accusations contre nous. Si nous ne fuyons pas maintenant, nous sommes perdus. En hâte, je récupère mon journal caché dans un trou creusé dans le sol. Si je disparaissais, puisse-t-il témoigner de mon histoire que je dédie à mon fils Pô, aux victimes de cette guerre ainsi qu'à Sorya et mes sept autres frères et sœurs dont je n'ai plus de nouvelles depuis notre départ de Phnom Penh.

J'ai un moment d'hésitation tant je suis angoissée, mais Borad me chuchote qu'il est trop tard pour renoncer à fuir. Il enfile discrètement dans la poche de mon chemisier un revolver qui pèse lourd.

– Garde ça avec toi, tu en auras peut-être besoin, je l'ai graissé à l'huile d'automobile ! me dit-il fièrement d'une voix étrangement enfantine.

L'arme est si lourde que le côté gauche de mon corps semble s'incliner en avant. Cette arme a-t-elle déjà tué ? Est-ce elle qui a tué mon fils ? J'éprouve une joie sombre, presque une hâte, à l'idée de pouvoir la pointer entre les deux yeux du camarade Chea Peng.

– Tiens, c'est pour toi, et il me tend une vieille boussole et une lettre de ma sœur Sorya, au dos de laquelle il a griffonné une carte qui indique la direction à suivre pour atteindre la frontière thaïlandaise. Nous nous trouvons dans une zone de grand terrassement entre Prekkdam et Batheau. Il nous faudra suivre le cours du Stung Pursat, remonter le Tonlé sap en direction du nord de Battambang puis se diriger vers Sisophon pour enfin atteindre la Thaïlande. La route me paraît bien longue.

> « Chère Nary, je te fais courir un très gros risque en t'écrivant cette lettre, mais j'ai confiance en Borad et c'est mon unique chance de te donner quelques nouvelles. Tu es la seule envers qui je peux me plaindre. Je ne peux plus me taire, j'ai besoin de parler ! Je suis sûre que pour toi aussi c'est dur.
>
> Après qu'ils nous aient séparés, on m'a emmené à Anh Tong dans un camp de rééducation pour jeunes femmes, puis j'ai été transférée à Batheau, dans une zone de plantation forestière. C'était affreux : au début j'étais privée de nourriture et tout le temps rouée de coups. J'ai trimé pendant des mois à bout de forces, je me nourrissais de feuilles et de racines.

Je me suis enfuie à la première occasion en me cachant dans un fossé boueux une journée entière. J'ai attendu la nuit pour sortir. Puis je suis tombée sur un autre camp ; là, j'ai failli mourir plusieurs fois de suite. Mais au lieu de me tuer, on m'a obligée à me marier avec un homme. Les khmers rouges nous ont alignés en deux rangées de trente personnes, une de garçons et une de filles, debout au hasard l'un face à l'autre, et j'ai été forcée de m'unir avec celui qui se trouvait devant moi. Cet homme fait partie du nouveau peuple, il est gentil mais je ne l'aime pas. Si tu savais comme je me sens horriblement seule. Je suis tombée enceinte deux fois de suite, mais j'ai provoqué mes propres avortements. Ça a été dur ; je ne voulais pas donner naissance à des enfants pour qu'on en fasse des monstres. Certaines filles d'ici ont préféré se suicider que de devoir s'unir à un handicapé khmer rouge. Je suis si triste et si misérable, Nary ! Je ne sais pas si je survivrai. Si tu savais comme je regrette tant de choses. [...] Si cette lettre te parvient et si mère est toujours en vie, dis-lui que je l'aime.

Sorya. »

En lisant la lettre, les larmes coulent sur mes joues. Au ton de celle-ci, je comprends que Sorya survivra et je presse Borad de questions :

– Quand l'as-tu vue ? Est-ce qu'elle va bien ? Où est-elle ?

– Ta sœur est une débrouillarde, elle s'en sortira.

Il dévie le sujet de conversation et me donne une boîte de lait concentré périmée.

– C'est pour que tu me pardonnes tout le mal que j'ai pu faire... Je veux dire pour ton fils... Même si ce n'est pas moi qui ai tiré... J'ai choisi de me séparer des hommes pour me rapprocher du parti, car j'y ai cru... Tu comprends... Aussi il fallait bien que je sauve ma peau ! me dit-il en bégayant, mal à l'aise, sa main cherchant refuge dans ses cheveux gras.

Il ajoute, pour se justifier :

– ...Tu sais, j'ai toujours eu peur de la mort, qu'y a-t-il de plus atroce que de l'attendre ou de la regarder sans pouvoir agir ?

Je repense à Pô.

La lumière a seulement décliné d'un demi-ton, mais, déjà, il fait si noir que je ne discerne pas l'expression du visage de mon ancien ami.

– Finalement, j'en ai moins peur. En la voyant tous les jours, elle a perdu toute réalité métaphysique et l'idée cruelle que je me faisais d'elle a cessé de m'inquiéter..., poursuit-il sur le même ton.

Il caresse mon visage d'une main forte et chaude. Sensation désagréable, quoique vague et fugitive. Je détourne la tête.

– La mort n'est pas grand-chose, je crois, mais la souffrance si. Tu me pardonnes tout de même, Nary ? Sa voix tremble.

Dans le noir, je me surprends à le regarder avec une expression qui se veut affectueuse mais encore pleine d'amertume. La mort de Pô me remplit toujours de colère et de soif de vengeance ; je me sens agitée des sentiments les plus contradictoires ; à la fois révoltée et attendrie, car les paroles de Borad, empreintes d'authenticité, me persuadent et me calment. De la main droite, je lui caresse lentement la joue. Sa peau est si douce qu'elle me rappelle les *sampots*[48] en soie que je portais dans le temps.

– Ce regret suffit, Borad. Maintenant je veux que tu survives et lorsque la guerre sera finie, nous nous retrouverons autour d'un bol de nouilles comme au bon vieux temps !

Sa joue est inondée de larmes qui viennent me mouiller la paume des mains. Je pose ma main sur sa nuque et j'attire sa tête contre mon épaule. Après un instant de résistance, il s'abandonne. D'une main, je lui maintiens la tête dans le creux de mon épaule, de l'autre je lui caresse les cheveux, ce que mon père avait coutume de faire lorsque j'étais petite.

– Assez, maintenant va-t-en, Nary, et bonne chance ! me souffle-t-il, les mots entrecoupés de sanglots, d'une voix encore enfantine qui voudrait grandir.

Il se tient immobile et me regarde partir.

Au moment du départ, je lutte contre un affreux sentiment d'angoisse : « *Lôk euih Lôk*[49] ! Aidez-moi dans ce combat ! », j'implore tout bas Bouddha.

Je m'enfonce au cœur des ténèbres tandis que, déjà, mère, Vylunel et Sophana avancent à enjambées rapides. Dans la forêt, le silence est total, mais il semble s'approfondir plus encore. La nuit la peuple de mystères. Immobilisée dans le crépuscule, la nature invente toutes sortes de silhouettes effrayantes. J'essaie de ne pas révéler ma peur devant les enfants. Je me retourne une seule fois, Borad est devenu indiscernable parmi les ombres de la nuit.

48. *Sampot* (voir *sarhong* p. 57).

49. *Lôk euih Lôk* : imploration désespérée aux bouddhas ou aux dieux protecteurs.

Nous avons à peine atteint le prolongement du Stung Pursat où la petite pirogue nous attend qu'un coup de fusil retentit sourdement. La terreur m'envahit. Le tir est suivi d'une course bruyante d'hommes : les khmers rouges sont à nos trousses ! Je me sens soudain sans force, mais Mère me pousse dans la pirogue, dans laquelle je tombe violemment sur les mains ; nous embarquons rapidement mais, les membres paralysés par la terreur, je me sens impuissante. J'éprouve la peur à l'état pur, une peur animale qui vous assaille de l'intérieur. Peur de la douleur, de la mort et du néant. Je revois l'exécution de Pô, lui qui n'avait pas peur de la mort, lui qui l'attendait et qui marcha vers elle. Mère me prend par les deux bras pour me secouer violemment et, d'une gifle, me ramène sur terre.

– Nary ! Ce n'est pas le moment de rêvasser ! Vite, vite, aide-moi à ramer, je les aperçois ! s'écrie-t-elle affolée.

À quelques mètres, des ombres excitées commencent à nous tirer dessus. Je n'ai pas le réflexe de sortir l'arme de ma poche. De toute façon, je ne saurais pas m'en servir. Alors qu'une pluie de projectiles s'abat sur nous, mère ordonne aux enfants de s'allonger dans la barque pour éviter les balles volantes. Me voyant paralysée, Vylunel désobéit et se met à ramer.

Bien que nous ayons trop d'avance sur eux pour qu'ils puissent nous atteindre, la peur au ventre, nous continuons à ramer frénétiquement jusqu'à ce que nous rejoignions le confluent du stung Pursat. Sans la moindre halte, à tour de rôle, nous ramons toute la nuit. Notre embarcation avance dans le noir, sans visibilité aucune. L'eau, l'air et les berges ne se distinguent plus.

Vylunel, dans un jeu cruel, et comme si nous n'étions pas déjà à bout de nerfs, s'amuse à effrayer sa sœur avec des histoires de crocodiles carnivores. Sa petite voix d'enfant s'élève, solitaire, au cœur de la pénombre et du silence. Un léger vent s'est mis à souffler et je commence à ressentir un certain soulagement, même si ce n'est pas encore un sentiment de liberté.

Puis, tout à coup, le sommeil me terrasse.

Aux premières lueurs du jour, nous accostons et nous cachons dans des buissons, terrés derrière des rochers ou perchés dans les arbres. Tels des animaux sauvages, nos yeux guettent le moindre signe de présence humaine.

Je songe à Borad en me demandant si sa trahison a été découverte, si elle lui a été fatale ou si c'est lui qui a lancé les khmers rouges à notre poursuite afin de masquer sa complicité.

Les jours passent... Puis les semaines. Pas un seul khmer rouge ne se montre, nous croisons parfois seulement des paysans du vieux peuple ou des prisonniers en fuite comme nous, mais nous ne nous montrons à aucun d'entre eux car nous sommes en proie à une peur constante. Nous naviguons de nuit pendant plusieurs semaines jusqu'à atteindre les confluents du Tonlé Sap. À partir de là, il nous faudra prendre la route vers la région de Battambang, puis rejoindre la frontière thaïlandaise. Hélas, même avec la boussole, au lieu de suivre cet itinéraire, nous nous égarons, incapables de savoir où nous nous trouvons. Entre des berges qui se ressemblent toutes, la forêt dense, et les petites rivières qui se séparent en plusieurs bras, nous sommes incapables de savoir si nous avons pris le bon cours d'eau pour atteindre le fleuve du Tonlé Sap. Mère pense que nous sommes arrivés au niveau de Krakor dans la province de Pursat et qu'il serait plus rapide de rejoindre la frontière thaïlandaise par Banteay Manchea. Mais ce serait s'aventurer entre les régions montagneuses de Srê Peang et de Pailin, anciens repères[50] des khmers rouges. Ce n'est qu'après un long périple que nous retrouvons notre chemin et naviguons avec certitude sur le fleuve.

En cette saison, les sols sont humides ; la boue chaude et onctueuse fait du bien à la plante des pieds et permet aussi de guérir mes mains blessées par le travail aux champs. Nous survivons grâce aux nombreux poissons et crevettes apportés par la montée des eaux, mais aussi grâce aux plantes de la forêt qui nous donne de nombreux fruits et légumes. Les enfants se gavent de bananes, mangues, papayes, goyaves. Avec les moyens du bord, mère nous cuisine de succulentes soupes de poissons aux takeun ou aux tiges de nénuphars... En quelques jours, nous avons retrouvé la santé.

Mais tout n'est pas aussi féérique. Ces régions marécageuses sont infestées de moustiques et autres insectes dangereux. Serpents, araignées, sangsues et animaux sauvages grouillent partout et ne nous épargnent pas. Les enfants ont les chevilles déformées et

50. Repères khmers rouges : Nord (Oddar), Est (Bophea), Sud-Ouest (Nirdey), Nord-Ouest (Piyoap), Nord-Est (Eysan), Centre (Kandal).

les visages enflés par les piqûres. Les grands animaux tels les éléphants ou les tigres vivent dans la forêt primitive, plus centrale, même si les grognements des ours au loin ne manquent pas de nous effrayer. Autant d'inconvénients qui nous semblent pourtant bien mineurs comparés aux difficultés que nous avions vécues jusque-là et dont nous sommes les rares à pouvoir témoigner, car nous saurons bientôt que nous faisons partie d'une poignée de rescapés du génocide qui vient de se produire.

Je tente parfois de parler à Mère, inconsolable depuis la mort de Pô.

– Mère, Sorya est vivante, elle m'a fait parvenir une lettre.

– Que dit-elle dans la lettre ?

Devenue presbyte, mère ne peut plus lire.

– À vrai dire, pas grand-chose, à part qu'elle vous aime. Je crois qu'elle s'en sortira.

Je ne me sens pas prête à tout lui expliquer.

Vylunel s'approche de nous, le pistolet à la main, la dirigeant vers Sophana. Cette dernière tente de l'attraper pour jouer avec. Je lui ordonne :

– Que fais-tu, Paille sèche ! Pose ça tout de suite !

– Calme-toi, mèh, je m'entraîne juste à viser au cas où nous serions en danger, répond-il avec nonchalance.

– C'est dangereux, donne-moi ça tout de suite !

Je hausse le ton. Il pointe l'arme vers nous.

– Paille sèche, ta mère a raison, donne ça ! intervient mère.

– Non ! À partir de maintenant vous allez m'écouter ! Si vous ne pouvez pas me protéger, alors c'est moi qui le ferai !

– D'accord, Petite paille, on s'en sortira, on va quitter le pays, ça va aller mais, s'il te plaît, pose cette saleté d'arme !

Je perds le contrôle de mes nerfs, mais il lâche l'arme et se met à sangloter :

– J'entends des tirs et j'ai peur… Quand est-ce que ça sera fini tout ça, mèh ? Je ne veux pas mourir comme *Bong* Pô. Je vois son cadavre partout, sur les chemins, dans les arbres, dans l'eau, j'en fais des cauchemars ! Je veux rentrer à la maison ! De son poing, il serre fort le petit singe en bois que Pô lui a sculpté.

– Bientôt, Vylunel, bientôt.

Je le prends dans mes bras, écarte l'arme et lui caresse le dos.

La colère des eaux

Pendant plusieurs jours, il n'a pas plu, mais l'orage menaçait constamment. Ce soir, il y a ce silence d'avant l'orage et brutalement le vent se met à souffler violemment sous un ciel électrique et obscur ; une pluie drue fouette les arbres des berges sur lesquelles nous nous trouvons. Les éclairs se succèdent et s'enchaînent sur des rythmes si rapides que le vacarme du ciel devient incessant : les dieux seraient-ils en colère ? Les petits lambeaux de terre sont menacés de submersion tandis qu'une masse d'eau rouge et boueuse s'écoule à nos pieds ; le fleuve trop rempli a envahi les berges qui finissent par s'effacer ; on ne distingue déjà plus le haut des arbustes.

Nous cherchons en vain la petite pirogue qui a dû couler sous les assauts violents de la nature. Mère, qui porte Sophana sur ses épaules et traîne Vylunel par le bras, hurle : « Dépêchons-nous ! » Dans le grondement du ciel, sa voix semble dérisoire et peine à se faire entendre. La pluie redouble et l'eau déborde de partout. L'orage nous a pris au dépourvu et nous avançons à l'aveuglette en évitant les eaux montantes pour atteindre la terre ferme. Sous l'éclair, un grand peuplier se brise et s'abat juste devant nous avant de plonger avec violence dans l'eau. Sous le choc, une vague gigantesque déferle ; Vylunel qui perd pied hurle : « Mèh ! », tandis que nous sommes propulsés loin les uns des autres. Je ne vois plus personne. Au même instant, les remous m'entraînent dans la profondeur des eaux noires : allons-nous tous mourir noyés comme j'y avais un jour songé ? La tête immergée, j'étouffe mais mon corps, dans un instinct de survie, se débat pour me ramener à la surface du fleuve. Soudain, des mains vigoureuses m'arrachent à l'abîme ; elles me soutiennent, avec force et douceur pour ramener ma tête hors de l'eau. Je reprends brutalement ma respiration. Avec surprise, je m'aperçois que j'ai pied sans rien comprendre à ce qui vient de se produire. Seraient-ce les *Nâgas* qui m'auraient sauvée ? Une ancienne légende khmère du nord du Cambodge raconte que mi-femmes, mi-serpents, les *Nâgas* seraient les maîtresses du Mékong, détentrices du pouvoir des eaux.

– Hé ! vous là-bas ! Par ici ! s'écrie une voix au loin. C'est l'ombre d'un vieux pêcheur dans une barque. Que fait cet homme ici, sur ces terres reculées, au milieu des ténèbres ?

Je hurle d'un ton suppliant :

– Camarade, avez-vous vu une femme âgée et deux enfants ?

– Non, *Neâng*[51], je suis désolé, mais nous ne pouvons pas les chercher, montez, il faut partir ou nous y laisserons nos vies ! me répond-il en criant pour se faire mieux entendre. Et il me tend la main pour m'aider à grimper dans la barque.

Debout sur le rebord de la pirogue, je guette les ombres de la nuit folle et appelle en vain le retour des êtres chers perdus : mes cris se mêlent aux hurlements de l'orage pour aussitôt mourir dans la profondeur des eaux noires. Le rythme incessant des vagues frappe mes tempes et me torture.

Le courant est si fort qu'à la nage personne ne pourrait le traverser et, à l'idée de ne pas retrouver mère et les enfants, mon cœur bat la chamade. La pluie inonde mes yeux humides de larmes.

Un souffle glacial vient me geler le dos. Je reste un long moment accroupie sur le rebord de la barque, en regardant inlassablement autour de moi dans l'espoir d'un signe de vie. Plusieurs arbres ont été déracinés par l'orage.

Déjà, le fleuve semble s'être apaisé. La tempête se termine comme elle est venue, soudainement. Le ciel, bleu marine sombre plombé de gris, est si bas qu'il touche presque le haut des montagnes. Je sens un grand vide autour de moi, un silence presque brutal, plus bruyant que le flot incessant des vagues qui déferlent.

L'orage s'est éloigné maintenant, le vent chaud revient. L'aurore sera belle et sa lumière orangée miroitera sur le fleuve et ses vastes eaux. Mais qui viendra calmer la voix qui, en moi, hurle sa plainte : où sont mes enfants, où est mère ?

Janvier 1979, le pêcheur

Les mois ont passé dans la douleur et le désespoir. Rien que ma solitude pour répondre à mes questions.

Un jour de février, les mortiers et les roquettes se font entendre proches de la cabane du pêcheur.

– Nêang Nary, vous devez partir, me dit-il, les Yoûns ont envahi

51. *Neâng* : terme affectueux khmer pour désigner une jeune femme.

notre pays, Pol Pot et ses troupes se réfugient maintenant dans la jungle ; il n'est pas bon que vous restiez ici.

– Et vous alors, Lôk Tâh ? Venez avec moi, je vous en prie !

– Mon enfant, je suis bien trop vieux pour m'enfuir ; d'ailleurs, on me croit être de ces terres. Personne ne me fera donc de mal. Et puis il m'importe peu d'aller autre part ; je suis bien ici. Mais vous, Nêang, on vous attend ! Partez et dirigez-vous vers la frontière thaïlandaise où vous serez en sécurité.

Tâ Koeûn, un vieux maître bonze déguisé en paysan, a trouvé refuge dans ce lieu paradisiaque depuis le début de la guerre. Entre falaises dorées, bassins naturels emplis de lotus blancs, bordés de mousses et de capillaires, l'endroit ressemble à l'oasis d'un pays imaginaire. L'eau glacée y descend des montagnes et s'épand en vasques aux couleurs de menthe fraîche. Jamais je n'aurais pu imaginer un lieu si extraordinaire. Tâ Koeûn vit ici très modestement dans une hutte montée sur pilotis, avec, à l'entrée, un autel dédié aux ancêtres. Quelques cochons chinois, une petite rizière alimentée par l'eau du fleuve et de la pluie assurent sa subsistance. Sur ces terres reculées, il cultive des cannes qui, selon les saisons, l'orientation du soleil et la qualité de la lumière, rendent la bambouseraie bleutée, vert fluorescent ou jaune d'automne indien.

Après la nuit d'orage, Tâ Koeûn a pris grand soin de moi. Plus que la guerre et les souffrances, ma rencontre avec ce sage fait basculer ma vie. Sa générosité spirituelle a agi telle une thérapie, me transformant intérieurement : des blessures secrètes se referment lentement et je pense être capable de croire à nouveau en la bonté des hommes. Mon cœur se déchire à l'idée de quitter ce vieil homme extraordinaire, auquel je m'étais fortement attachée, et qui est devenu, dans mon quotidien, une source de guérison et d'enseignements.

– *Neâng* Nary, me confie-t-il, souvenez-vous que le mauvais et le faible ne peuvent tomber au-dessous de ce qu'il y a également de plus bas en chaque homme. Préservez vos écrits et publiez-les pour la mémoire des morts, le jour où vous serez en paix avec vous-même et lorsque vous connaîtrez le pardon… La haine farouche que vous nourrissez pour les khmers rouges distille un venin dans votre cœur au point que vous envisagez de les détruire jusqu'au dernier. Mais peut-être trouverez-vous quelque part, si ce n'est en vous-même, un khmer rouge respectable, digne de votre estime, afin que son existence puisse vous retirer le droit que vous vous êtes approprié de déverser votre haine sur un peuple entier. Car cette haine généralisée et indifférenciée n'est pas dans la nature de l'être humain ; c'est une maladie de l'âme...

Son monologue fut suivi de paroles lumineuses et libératrices que j'écoutais dans un total abandon. De temps en temps, il s'arrêtait pour boire une tasse de thé, puis le flot de sagesse continuait, ininterrompu. Avec le temps, la perpétuelle tristesse qui me rongeait le cœur commença à s'estomper. Je me sentais plus libre, mes blocages s'effaçaient et un peu de paix et d'ordre s'installaient dans mon cœur ; j'avais enfin le sentiment de retrouver une vie et je me disais qu'il suffît d'un seul homme digne, tel que lui, pour que l'on puisse garder espoir en l'humanité.

Ce matin-là, le ciel est demeuré obscur plus longtemps qu'à l'ordinaire, et le premier signe de l'aube fut, dans le lointain, une ligne pourpre sur l'horizon. Puis, soudainement, un vif rayon de soleil a percé la pénombre et touché directement le visage du vieil homme qui me tendait mon carnet de route. J'accueille la lumière par tous les pores de ma peau, jusqu'à ce qu'elle atteigne mon âme. On dit que rien dans ce monde ne se perd : le vent, l'eau, la terre, le feu et l'espace deviennent eux-mêmes porteurs de la bénédiction des prières. Les contours des sommets des collines se redessinent et, au-dessus, apparaît un nuage rose en forme de bateau à voile.

– C'est un signe qui nous vient du ciel ! dit le saint, apaisé.

Tâ Koeûn me sourit chaleureusement et me regarde partir. Au loin une longue lignée d'oiseaux migrateurs prend son envol.

Tâ Koeûn m'encourage de sa voix forte :

– Ne vous retournez jamais et dirigez-vous vers l'ouest !

Si le Bouddha redonne aux êtres la force de traverser l'océan périlleux de l'existence et les guide jusqu'à la terre ferme de la libération, Tâ Koeûn est, sans aucun doute, l'une de ses émanations. Comme grand-mère, il est un immense fleuve de compassion, une montagne s'élevant au-dessus des soucis de ce monde.

Ainsi a débuté une longue marche solitaire de plusieurs semaines sur des sentiers déserts, des sols durs et pauvres, des chemins bordés d'arbustes, des champs de rizières secs à perte de vue, des charniers humains. Des « champs de la mort » dans lesquelles des centaines de milliers de Cambodgiens enrôlés dans les brigades du travail ont péri dans des conditions épouvantables. Des cadavres jonchent la terre, jaillissant de nulle part et de partout, la majorité dans des états abominables, déchiquetés par des mines, la tête émiettée par des grenades, torturés jusqu'à l'indicible, découpés, dévorés par des animaux voire des humains affamés. L'odeur de la mort est omniprésente, au point que j'ai l'impression d'en être imprégnée. Lôk Yeâh disait que les jeunes enfants morts ne sont pas capables de se réincarner. Qu'y a-t-il de pire que de rester prisonnier des bardos, états intermédiaires entre la vie et la mort ?

Je n'aperçois personne dans les habitations isolées et abandonnées que je rencontre parfois sur le chemin. Tous les gens semblent avoir fui ces lieux désolés. Si l'invasion des Youns est réelle, les khmers rouges ont dû se replier dans leurs bases secrètes, ce qui expliquerait leur absence. La terre, défigurée par le feu et les éclats de grenades, semble hostile, comme si elle était antérieure à l'apparition de la vie. Tout paraît si dérisoire : les rizières révolutionnaires ne sont plus que des digues asséchées, le paysage est devenu misérable. Et pourtant innombrables furent les citadins déportés ici pour être rééduqués par ces grands travaux manuels et ces défrichements en forêt qui leur coûtèrent la vie. Tant de pertes humaines pour arriver à ce néant. S'ajoutant à cette incompétence et à cette violence, la malnutrition et les maladies ne pouvaient qu'aboutir à un massacre généralisé, une catastrophe humanitaire que les clichés politiques ne sauraient masquer.

Parfois, des obus éclatent au loin, faisant vibrer le sol sous mes pieds et projetant au ciel des éclairs.

Nous sommes en janvier, en plein cœur de la saison fraîche ; je passe mes nuits, terrée dans le froid hivernal, la faim et la peur au ventre, tel un animal sauvage fuyant ses prédateurs. Il fait un froid humide comme je n'en avais encore jamais ressenti et le vent du nord me glace jusqu'aux os. Je grelotte tellement que, malgré mon dégoût, je me résous à arracher les vêtements des morts trouvés au passage. Pour me réchauffer, j'enfile plusieurs couches de pyjamas, les uns sur les autres.

Les brouillards matinaux épais m'empêchent de voir au-delà des trois mètres, mais inlassablement je marche, je trottine, je trébuche, tombe, me relève et repars sans arrêt ; mes jambes douloureuses sont prêtes à me trahir quand la campagne fait place à une route qui ressemble à une nationale : le plus dur est accompli.

L'après-midi, la chaleur s'apaise. Le soleil descend vers l'horizon. Derrière moi, un bruit de moteur se fait entendre. Je me retourne ; la lumière couchante dépasse de peu le sommet de la route, semblable à un mirage aux contours incertains ; apparaît, au loin, un camion scintillant de reflets rosés. Je suis tentée de me cacher, mais la force me manque. Je continue à marcher, presque sans but, avec la cadence de celui qui a perdu à la fois ses craintes et ses illusions.

Le camion arrive à mon niveau et klaxonne pour m'inviter à monter. L'automobile est pleine de civils et d'hommes armés : ce sont des Youns qui se chargent de ramasser les rescapés khmers rencontrés sur la route. Je les reconnais aux fanions qu'ils brandissent.

– Montez, femme ! s'écrie l'un des soldats avec l'accent « viet ».

On nous emmène vers Phanat Nichom, un camp de réfugiés thaïlandais qui se trouve à plusieurs kilomètres d'ici. Je monte à l'arrière du camion parmi les survivants de l'holocauste. Aucun d'entre eux ne parle ; bien que soulagés, ils ont tous le visage triste, sale, squelettique. Ils sont couverts de plaies et à bout de force. Ils m'examinent un instant sans dire un mot. Personne ne me salue et pourtant ce jour semble être celui de notre véritable libération. Mais la souffrance a engendré l'indifférence envers autrui. Puis, très vite, chacun s'absorbe dans ses propres réflexions. Un homme âgé se met à chanter une vieille ballade populaire :

« Ô Kampuchéa, tu es ma force, mon espoir… »

En l'écoutant, chacun a le cœur qui se serre, envahi par des rêves lointains. Mais, si je ne me souviens plus des paroles de la chanson, j'ai encore en tête la mélodie à la tristesse infinie.

Le véhicule avance vers un monde nouveau, roulant à vive allure comme pour nous aider à rattraper le temps perdu de ces années d'enfer. Un paysage désolé, qui m'aurait autrefois semblé paradisiaque, défile devant nos yeux. J'ai hâte de fuir ce pays où un enfant peut tuer sans raison valable, où notre dignité est sans cesse bafouée.

La lumière décroît d'un demi-ton et une saute de vent nous offre un parfum de jasmin qui me rappelle le Cambodge de mon enfance et la promesse des Apsaras d'Angkor me prédisant qu'un jour tout ira bien. Ô Cambodge, mon pays, mon histoire, terre des dieux, retrouveras-tu un jour ta splendeur passée ? Je suis en proie au chagrin, à la douleur et au remords, comme si, moi aussi, j'avais participé à ce carnage. Mon pays est ruiné, perdu, désespéré.

Je quitte à présent la terre où je naquis, ma culture, ma famille, mes joies. Mon cœur se serre et les larmes brûlent ma gorge. Le visage de Pô me revient à l'esprit avec les souvenirs impalpables d'un passé évanoui.

9

Octobre 1980, le camp de réfugiés

Nous sommes à Phanat Nichom. Des milliers de réfugiés cohabitent dans ce camp thaïlandais organisé avec médecins et bénévoles où l'on trouve de la nourriture et des vêtements propres. On y travaille, on s'y marie ou l'on y prie, tous dans l'espoir commun d'un nouveau départ. Au total, les camps thaïlandais accueilleront près de 200 000 réfugiés cambodgiens qui attendent qu'un pays tiers leur ouvre ses portes. Le gouvernement français du début des années 1980, en augmentant son quota d'immigration et en mobilisant les aides nécessaires à l'arrivée des réfugiés, fut l'un des pays à avoir le plus fortement répondu à cet appel désespéré des rescapés khmers.

Regroupés dans des enclaves de fortune, ces gens paraissent nombreux alors qu'ils ne représentent qu'une poignée de survivants parmi les millions de victimes du régime de Pol Pot. Après des années d'horreur, on essaye de mener ici l'existence la plus normale possible en fermant les yeux sur ce qui vient d'arriver. Est-ce de l'indifférence, de la lâcheté ou la marque de l'individualisme forcené de notre société ? Quoi qu'il en soit, je ne peux blâmer celui qui veut oublier la lourdeur d'un tel passé.

Mais, face à des familles réunies dans le bonheur, je reste seule, sans nouvelles des miens. Et quand je regarde une mère heureuse, assise entourée de ses enfants, je m'imagine un instant à sa place avec Pô, Vylunel et Sophana. Le bonheur est une chose si simple, qui semble à portée de main, dans les petites choses de la vie quotidienne, mais dont on mesure la richesse quand on l'a perdu.

Mon premier repas copieux depuis cinq longues années me fut offert dans ce camp lorsqu'un groupe de journalistes belges vint recueillir mon témoignage sur ce qui venait de se produire au Cambodge et que le monde entier semblait avoir ignoré pendant tout ce temps. Tout à coup, après avoir gardé un silence assourdissant sur l'enchaînement et le massacre de tout un peuple, ils réclamaient une description détaillée des horreurs subies par la population durant la guerre, sans voir que leurs questions impudiques étaient une atteinte à ma dignité.

Depuis son arrivée avec une équipe de médecins et de bénévoles de la Croix-Rouge française, un homme m'intrigue car il m'observe. Lorsque nos regards se croisent, je lui souris timidement. C'est un Cambodgien vivant en France, un jeune diplômé de l'École polytechnique de Paris. Autrefois il m'arrivait de me laisser emporter par des rêveries romantiques autour d'un homme dont le charme m'avait bouleversé. Aujourd'hui, j'ai l'impression de ne plus croire aux sentiments et aux liaisons amoureuses qui savent si bien envoûter le cœur et troubler l'esprit.

Pourtant, cet inconnu m'intrigue et me fascine : il faut dire qu'il est extrêmement séduisant. Il y a longtemps que je n'ai vu un si beau visage, une peau si lisse, vierge d'expression douloureuse, parée d'une ombre de barbe qui confère au personnage une certaine prestance. Il parle le français et l'anglais sans accent khmer, a les manières courtoises d'un Parisien et fume avec élégance. Chaque fois que je l'aperçois, sa classe et son charme irrésistible me font oublier ma tristesse et mes maux.

Nous faisons connaissance. Fareth, avec un couple de cardiologues français, comptera bien vite parmi mes rares amis du camp. Cet homme me raconte avoir rencontré Pol Pot, « le frère N° 1 », à la cité universitaire de Paris. Saloth Sar, de son nom véritable, fils de paysan, n'a jamais connu la vie villageoise. Après avoir obtenu une bourse d'étude, il fut envoyé à Paris. Une fois sur place, étudiant médiocre, il se lia d'amitié avec, entre autres, le cercle Khieu Samphan*, Ieng Sary*, et notamment Son Sen* et Ta Mok*. Ce dernier, plus connu sous le nom de « boucher », l'un des rares chefs responsable de l'épuration et qui décèdera sous les verrous.

Entre les années 1950 et 1960, ces intrigants personnages se frottent à un marxisme élémentaire. Aucun d'eux n'avait d'attaches paysannes réelles, mais ils avaient été marqués par le maoïsme et la révolution culturelle qui, en France, faisaient partie de la panoplie révolutionnaire. Les vêtements maoïstes et le petit livre rouge étaient à la mode et, comme la majorité des étudiants parisiens de l'époque, Fareth, influencé par la révolution culturelle, adhéra aux jeunesses communistes, scandant les slogans révolutionnaires, plus attiré par l'idéologie que par les études. Pol Pot, leur senior, qui s'était inscrit à la section cambodgienne du parti communiste français, non encore sorti de sa période stalinienne, organisait alors des réunions secrètes dans les chambres d'étudiants de la maison du Cambodge, au sein de la cité universitaire, recrutant ainsi les premiers jeunes activistes khmers et les intellectuels de gauche. Cette jeunesse constituera le cœur du futur maquis. Fareth me raconte aussi que Saloth Sar avait le don de les enthousiasmer et de les charmer. Cet homme charismatique, à la fois doux et raffiné, savait répondre à leur soif de justice et d'égalité. Excellent orateur, il nourrissait en eux l'espoir d'un monde meilleur et plus juste. Un jour, lors d'une de ces réunions de propagande, il avait brûlé un billet de 500 francs en déclarant fermement : « Vous verrez, un jour le Cambodge vivra libéré de l'argent. »

Ce n'est que lorsque Pol Pot rentra au Cambodge, qu'il établit ses premiers contacts avec le parti communiste khmer, avant de composer son propre groupe dont il prendra la tête. Le nouveau maquis communiste s'allia alors aux Vietcongs dans le « bureau 100 », un camp mobile de la jungle. Pol Pot, dès lors, bénéficia de l'appui de la Chine de Mao, personnage qui le fascinait.

Au même moment, les étudiants manifestaient à Phnom Penh pour la paix et la démocratie contre le régime de Lon Nol. Ils réclamaient la liberté, la fraternité et la justice sociale. Peu à peu, les pièces du puzzle s'agençaient dans ma tête… Je me rappelais, pour y avoir participé, qu'à l'époque la jeunesse, les intellectuels et les ouvriers représentaient une telle force que, lors d'une violente manifestation, le ministre de l'Éducation nationale fut tué. Les dirigeants des khmers rouges, Khieu Samphan, Ieng Sary et Saloth Sar, la « bande des 3 », profiteront de l'instabilité politique pour tirer les ficelles et embrigader les jeunes dont ils feront des révolutionnaires fanatiques. Cette patiente stratégie qui, avec le recul, m'apparaissait soudain évidente, était exactement ce que Tcheuk Heng prédisait dans son analyse, mais que je n'avais pas écouté.

Fareth m'avoue avec tristesse et dégoût que, malheureusement, comme beaucoup d'autres, il a cru aux mirages communistes et a été aveuglé. Il n'a désormais plus de parti-pris et sa seule politique se résume à l'aide à autrui. Chaque génération entretient beaucoup d'illusions sur la nature humaine. Au nom de Marx, Engels, plus tard de Lénine ou Mao, on a déformé la vérité, détruit l'humanité dans l'homme et tué la raison. Le tout au nom des illusions naïves des plus jeunes qui, après avoir cru éperdument en une idéologie, ont accouché et se sentent responsables d'un abominable génocide.

Fareth semble s'éprendre de moi avec passion. Je me sens pourtant laide et misérable, ayant perdu ma séduction, bien loin de tout ce qu'il représente à mes yeux : la France, l'art, l'éducation, l'élégance. Il me demande en mariage après notre premier baiser. Pourquoi m'a-t-il choisie alors qu'il y a tant de jolies femmes à Paris ? Mais, refusant ces questions sans réponse, j'accepte sa proposition. Je vois en lui une chance, celle de partir loin d'ici, de refaire ma vie à Paris, lieu pour lequel je garde tant d'heureux souvenirs avec père. La ville des artistes et celle de la liberté. « Ne vous retournez jamais, et dirigez-vous vers l'ouest ! » Les paroles de Tâ Koeûn sont devenues une voix intérieure qui continue à me parler. Je comprends maintenant qu'il me faut faire comme les autres : tirer un trait sur le passé, continuer à vivre et m'en aller en Occident, l'Ouest dont parlait le sage.

Nous nous marions religieusement dans le camp de réfugiés. Selon le cérémonial bouddhiste, très simple, un bonze, lui-même rescapé, nous lie les mains par un cordon rouge et nous asperge d'eau parfumée en récitant des versets sanscrits pour que notre union soit placée sous d'heureux auspices. Le soir, nous invitons nos amis du camp pour célébrer notre union. Mon cœur, toujours en deuil, est réservé : il y a encore trop de souvenirs brûlants, d'atrocités dans nos mémoires pour nous abandonner à la joie. Pourtant, Fareth est un être remarquable, peut-être cet « ange » dont parlait Pô. Compréhensif, il ne me reproche aucune de mes attitudes asociales et a la patience de me réapprendre à aimer. Avec lui, chacun des sens, et plus particulièrement le toucher, est redevenu source d'émoi. Nos nuits passionnées m'emportent dans l'oubli et la volupté du plaisir. L'amour sera l'un des facteurs de ma guérison.

DÉCEMBRE 1981, PARIS

Depuis la nuit de l'orage, je n'ai plus eu de nouvelles de Vylunel, de Sophana ou de mère. Sont-ils encore en vie ou morts noyés dans la profondeur du fleuve ? L'image morbide de leur corps flottant à la surface du Tonlé Sap me hante sans fin. M'annoncera-t-on un matin qu'ils ne sont plus de ce monde ? Je redoute et attends à la fois, la mauvaise nouvelle comme une sorte de délivrance sur l'incertitude.

Aujourd'hui, bien que jouissant d'un semblant de confort et de liberté, je ne peux pas encore oublier le passé. On n'efface pas d'un trait des années d'horreur. Les souvenirs m'assaillent jour et nuit, sous la forme de terribles cauchemars. Des morts se relèvent et marchent vers moi ou bien je suis seule, immobile sur mon lit d'hôpital, mon bébé mort-né dans les bras, trempée de son sang et vomissant sans arrêt. Ces cauchemars reviennent sans cesse, sans que je n'en parle à personne. Le passé m'effraie et je redoute le futur, perdant facilement confiance en moi et désespérant de tout. Comment oublier le dernier regard de mon fils avant sa mort, comment retenir les vagues de chagrin, le poids des images ? Les souvenirs sont traîtres, qui vous assaillent sans prévenir et vous mettent à mal.

Je m'accroche pourtant à cet espoir obstiné de retrouver les miens. Ce soir, Paris fête Noël. La Seine est belle, habillée de ses lumières nocturnes. J'imagine parfois qu'il me suffit de lever les yeux pour voir le Mékong et les berges fertiles de mon pays, alors qu'il neige sur la ville.

Enfant, j'avais toujours rêvé de fouler une terre enneigée, mais le bonheur n'a pas de goût lorsqu'il n'est pas partagé, et le monde est vide sans ceux qu'on aime. À travers les fenêtres, on devine des silhouettes réunies autour d'un sapin clignotant. Un jour peut-être, Fareth racontera à Vylunel et Sophana les histoires du père Noël et de la naissance de Jésus.

Ici s'achève le récit de Nary.

Même si elle a été marquée par le drame, mon expérience n'a rien d'extraordinaire, mais si mon récit peut aider ou inspirer certains, il aura été utile. Et puisque ma fille me demande de conclure ce récit, je voudrais simplement dire que la vie ne s'accomplit qu'en composant avec la vérité. Une vérité parfois insupportable, souvent décevante, mais nécessaire pour ceux qui parviennent à la surmonter. Ils y découvriront une parcelle de beauté qui les aidera à inventer une liberté pour les autres, les humiliés.

NARY.

Récit de Sophana

À dix-neuf ans, je suis retournée pour la première fois au Cambodge depuis la fin du génocide. Maman n'avait pas voulu m'accompagner car elle avait peur, mais moi, il me fallait me rendre sur place pour rassembler les pièces manquantes à son histoire.

De mon pays, je n'ai connu que le côté noir, inhumain et je n'ai, pour ainsi dire, pas d'attache avec la terre de mes origines. Mon pays est la France. Le Cambodge m'est devenu étranger et j'ai du mal à parler et à lire sa langue. Je ne me reconnais pas dans le peuple khmer.

Ici, tout le monde sourit, bien que tous aient le cœur brisé.

J'ai emmené les cendres de ma grand-mère pour les déposer dans le grand *stupa* blanc qui s'élève au sommet d'une des collines de la nationale 7, à une trentaine de kilomètres de Phnom Penh. C'est le seul stupa de la colline et on peut l'apercevoir de la route. Il est gardé par les moines de la pagode Vat Cholir Chorcha qui viennent régulièrement le fleurir et arracher les mauvaises herbes. Je voulais répandre les cendres de grand-mère dans les eaux du Tonlé Sap, en souvenir des *Nâgas* qui ont épargné maman de la noyade, mais celle-ci a insisté pour les conserver dans le stupa familial auprès de ceux de mon arrière-grand-mère.

Grand-mère, qui mourut d'épuisement à notre arrivée sur le sol français, était parvenue à nous ramener, mon frère Vylunel et moi, jusqu'en France et estimait sa mission sur terre achevée.

Avant sa mort, elle a connu la folie, ce dérèglement soudain du cerveau et commença à développer une paranoïa, bloquant la fenêtre de sa chambre avec un immense placard. « Un placard ou des barreaux de cellule ! », avait-elle exigé. Grand-mère ne savait plus où elle était ; elle s'imaginait encore au Cambodge, en période de guerre. La nuit, elle ne se couchait jamais sans s'enfermer à double tour. Sa chambre était remplie de provisions : des sacs de riz de 20 kg et des conserves de toutes sortes. De quoi subsister une année entière. Elle restait enfermée dans sa chambre toute la journée, passant son temps à prier ou à raccommoder de petits bouts de tissus triangulaires qu'elle assemblait pour fabriquer de jolies couvertures artisanales. C'était un travail minutieux qui lui prenait beaucoup de temps. J'avais le cœur brisé de voir grand-mère ainsi. Sans doute était-elle âgée et tout le monde perd un peu la tête en vieillissant, mais j'ai rencontré bon nombre de jeunes rescapés que les traumatismes subis ont conduit à la drogue, à la déchéance, au suicide ou à la folie. En vérité, c'est bien le génocide qui a fini par tuer ma grand-mère.

Les livres d'histoire parlent rarement du « post-génocide ». Pourtant, le génocide, perpétré voilà trente ans, continue à tuer. Même si des rescapés vous disent avec fierté qu'ils ont réussi à survivre, j'affirme, quant à moi, qu'il n'y a pas de « rescapés ». Moi-même, je suis morte. Le génocide a tué mon âme d'enfant.

Lorsque j'ai perdu grand-mère, j'ai perdu avec elle mes repères et le chaos s'est installé dans ma petite tête d'enfant. Je me sentais coupable, presque honteuse d'avoir survécu : pourquoi étais-je en vie et pas grand-mère qui avait tout fait pour nous sauver ? Alors j'ai demandé à maman de nous raconter l'histoire de cette maudite guerre et comment tout avait commencé…

Par pudeur, honte ou vulnérabilité et parce que j'étais, à l'époque, trop jeune pour tout comprendre, elle n'a pas osé se livrer tout de suite mais a fini par le faire, parce qu'il le fallait bien. En réalité, maman craignait que je ne sache pas, comme tant d'autres, pardonner. Elle disait que, dans la vie, chacun devait s'affranchir de quelque chose et qu'il fallait être indulgent vis-à-vis des autres.

J'avais huit ans lorsque j'ai prononcé le mot « génocide » pour la première fois. C'est à cet âge-là que je me suis regardée pour la première fois dans un miroir, que j'ai trempé une tartine de beurre dans un bol de chocolat chaud, porté une mini-jupe rose, dormi dans un lit douillet qui sentait bon la lavande, regardé un dessin animé le mercredi matin et ri à en avoir mal à l'estomac. En goûtant au chocolat, je goûtais à la liberté.

J'étais inscrite en CE2 à l'école primaire de Célestin Freinet et avais récupéré tout mon retard grâce au trimestre de soutien scolaire que mon père adoptif nous imposa à Vylunel et moi dès notre arrivée en France. Mon frère, plus âgé, n'avait heureusement pas besoin de cours de langue puisqu'il avait appris le français à Phnom Penh et que maman s'était toujours adressée à lui dans cette langue, sauf bien sûr durant le régime de Pol Pot. Puisqu'il rentrait au collège, il devait travailler les mathématiques, l'histoire, la géographie, la littérature et les langues étrangères, et bien d'autres matières. À mon arrivée en France, je m'exprimais encore dans le dialecte de la jungle. Si bien que je ne partais pas en colonie durant les vacances scolaires et devais étudier jusque tard dans la nuit afin d'atteindre le niveau scolaire des écoliers français de mon âge.

À notre arrivée en France, papa avait été catégorique : le passé était aboli. Il n'était plus question d'en reparler, nous devions tout oublier, effacer tout souvenir du temps de Pol Pot et commencer une nouvelle vie qui, selon lui, débutait par l'éducation. Même si c'était pour notre bien, j'en ai longtemps voulu à papa d'avoir appliqué une méthode de réadaptation si dure et de ne pas m'avoir apporté l'aide psychologique dont j'avais besoin. Finalement, ses efforts finirent par payer puisque je rentrai, quelques années plus tard, à Charlemagne tandis que mon frère, devenu « Aurélien-Joshua-Romain », intégra le lycée Henri-IV. Nous déménageâmes vers le centre de Paris, puis la famille s'agrandit avec la venue d'un petit frère et d'une petite sœur. Je côtoyais le quartier du Marais et ses cafés, et connaissais, enfin, une « vie » estudiantine rangée.

Lorsque nous l'avons retrouvée, maman s'était métamorphosée en véritable Parisienne ; belle et sophistiquée, elle était venue nous accueillir à l'aéroport Charles-de-Gaulle avec de hauts talons noirs, des petits bas beiges et un long manteau en fourrure blanc. Elle était ravissante ce jour-là. Elle était tellement belle que j'avais peur de lui faire honte car je me croyais très laide. Lorsque les bénévoles de la Croix-Rouge qui nous accompagnèrent l'ont aperçue, ils lui ont demandé si elle avait quitté le Cambodge avant l'ascension des khmers rouges, incapables d'imaginer, en la voyant, qu'elle ait pu traverser cet enfer.

Aujourd'hui cardiologue, mon frère Vylunel affirme ne se souvenir de rien et se moque de mon « trauma ». Il semble s'épanouir dans sa vie actuelle : chef de clinique et père comblé, marié à une charmante Française. Son équilibre apparent me déstabilise bien souvent car je ne comprends pas pourquoi, étant bien plus jeune que lui, j'ai été tant marquée par les événements passés. Il possède sans doute en lui cette soif de survie qui lui permet de s'adapter à toutes les circonstances de la vie.

À notre arrivée à Paris, Papa nous a forgé une nouvelle identité en nous attribuant des prénoms français. Un prénom est une chose bien difficile à assumer. À l'heure où je cherchais désespérément mon identité, grand-mère continuait à m'appeler par mes surnoms, tandis que papa me prénomma simultanément « Kim », « Nathalie » et « Hermès ». Des prénoms, d'origine coréenne, latine et grecque, dont j'héritais d'un coup et qui figuraient sur mon passeport comme trois belles inconnues à côté de la photo d'une réfugiée politique. Mon prénom de naissance, « Sophana », avait officiellement disparu des papiers et des bouches ; il n'avait jamais existé, je n'étais jamais née. Pour comble, papa modifia même ma date de naissance ! Aujourd'hui, je ne suis toujours pas parvenue à assumer mes nouveaux prénoms dans lesquels je ne me reconnais pas. Lorsqu'on me demande mon nom, j'ai toujours un moment d'hésitation avant de répondre et, le plus souvent, je laisse mon interlocuteur choisir. Parfois une même personne m'appellera par plusieurs prénoms, c'est le cas de maman pour qui je suis tantôt « Kim », tantôt « Nathalie », tantôt « Hermès » selon son humeur ou la mienne.

On peut penser qu'il s'agit là d'une destruction volontaire et cruelle de l'identité d'un enfant. Mais je n'aurais peut-être pas su m'adapter à ma nouvelle vie sans ce processus : en supprimant mes repères, papa m'a, pour ainsi dire, fait le cadeau de l'indépendance et obligée à me forger ma propre identité. Il m'a forcée à me battre pour me permettre de me reconstruire. Technique sans doute dangereuse, mais qui répondait à ce dont j'avais besoin.

Papa nous a appris à fermer les portes secrètes, celles qui grincent et font mal. Alors, lorsque je songeais à mon passé, c'était toujours malgré moi ; soit parce que quelqu'un avait évoqué le sujet, soit parce qu'une émission télévisée s'y référait.

« GÉ-NO-CI-DE » : ce mot qui me semblait indéfinissable s'adaptait mal à la douceur de ma voix et à mon petit visage rond. Il m'effrayait autant qu'il me fascinait, et je me souviens avoir eu beaucoup de peine à le prononcer. En grandissant j'ai compris que cela venait du fait que ce mot marquait une limite entre l'événement et sa transcription. Mais, que je le reconnaisse ou non, le roman de ma vie est bien celui de mon trauma, le génocide khmer. C'est à travers l'histoire de ma mère que j'ai tenté de conjurer mon passé, ce passé de petite fille qui jouait à la poupée avec le crâne d'un chat et les cheveux d'un mort en guise de perruque.

Très tôt dans mon enfance, pour ne pas dire dès ma naissance, j'ai développé l'instinct de survie, non que mon existence soit indispensable mais on se surprend à la défendre quand la mort guette, omniprésente. Puis le réflexe s'installe en vous comme l'habitude de boire son café le matin : la peur et l'angoisse vous envahissent lorsque la deuxième sonnerie du téléphone retentit, lorsque vous évitez le regard d'un mendiant dans la rue ou lorsqu'on vous sert de la viande rouge dans une belle assiette de porcelaine.

Le poids du passé m'est devenu un fardeau ; aussi me devais-je de mettre en forme ce récit, celui de la vie de ma mère, non pas comme un accomplissement mais comme une promesse envers la mémoire de ma grand-mère, de mon frère Pô et de tous les morts. Un pacte avec mon propre destin pour pouvoir me tourner vers la voie de la libération. Un hommage, enfin, à mes maîtres spirituels. Ayant été à la fois victime et observatrice, j'essaye ici de transmettre mes impressions mêlées à des paroles et des souvenirs, des oublis et des silences.

Il s'agit donc d'une parole singulière qui ne fut pas facile à rendre. Car les gens qui ont connu l'expérience du génocide, tels les rescapés des camps nazis, se sentent impuissants à traduire leur vécu. Les mots sont misérables à restituer l'horreur au quotidien. Et, pourtant, écrire sur l'histoire récente du Cambodge et sur sa mémoire demeure une nécessité impérieuse pour la survie, la compréhension et le développement personnel de chacun de nous.

Il est des choses que l'on aimerait laisser enfouies à jamais. Mais le passé parvient toujours à nous rattraper à un moment ou à un autre de la vie.

Le passage le plus douloureux à composer de ce livre fut celui où il me fallut replonger dans mes propres souvenirs, lorsque durant trois longues années de silence, je fus séparée de ma mère. À un certain niveau, il semble plus difficile de raconter sa propre histoire que celle de sa mère.

La nuit d'orage est le premier souvenir lucide de ma petite enfance, même si parfois je m'interroge : cette image est-elle inscrite dans ma mémoire ou est-elle née de ce que l'on m'a raconté ? Pourtant, ni grand-mère ni personne ne me parlèrent de cette nuit tragique. Mais alors âgée de trois ans seulement, je fus en proie à une terrible frayeur qui me marqua. Ma mère avait disparu dans la noyade et je la croyais morte. Trois années de silence suivirent jusqu'au jour où la Croix-Rouge française m'annonça qu'elle était en vie, parvenue à s'exiler en France. À la nouvelle, je fus à la fois heureuse et en colère d'avoir été privée de ma mère pendant si longtemps.

Ma grand-mère fut ma véritable mère. Sans elle, mon frère et moi n'aurions pas survécu, même si ces trois années furent infiniment moins terribles que celles vécues au camp. Cependant elles m'apparurent comme les pires de mon existence, parce que je prenais essentiellement conscience de la réalité.

Grâce à grand-mère, Vylunel et moi, nous échappâmes à la mort que nous réservaient les eaux noires du Tonlé Sap. C'était pour grand-mère un exploit de plus, mais j'avais déjà survécu à tant de dangers que je ne m'étonnais pas d'être encore en vie : je me sentais protégée non seulement par grand-mère mais également par une sorte de force supérieure qui depuis ma naissance veillait sur moi.

Pensant que ma mère était morte, grand-mère redoubla d'affection à l'égard de mon frère et moi ; cet amour au-delà de toute convention fut ma plus grande force. Et ma vieille grand-mère, durant ces trois années, puisa ce qui lui restait d'espoir et de courage pour nous maintenir en vie.

Après la nuit d'orage qui faillit nous être fatale, nous nous éloignâmes des berges tout en continuant à nous cacher dans la forêt.

Vivre dans la nature était épuisant et dangereux, tant au niveau de l'alimentation, de l'hygiène ou de la santé que des dangers permanents qui nous guettaient. Qu'il s'agisse de rencontrer un khmer rouge, de sauter sur une mine, ou de se faire dévorer par un animal sauvage..., nous baignions dans la peur continuelle.

Pendant plus d'un an, nous avons vécu dans différentes familles paysannes que nous rencontrions sur le chemin, qui, depuis l'annonce de l'invasion des Yoûns et de la rébellion khmer sôr, aidaient les rescapés en fuite. Ces gens du vieux peuple nous hébergeaient en échange de notre participation aux travaux domestiques. Certaines familles étaient accueillantes mais la majorité d'entre elles nous exploitaient comme main-d'œuvre. En travaillant durement aux tâches quotidiennes (cuisine, ménage, garde d'enfants, d'animaux, culture de potager...) nous parvenions à nous faire accepter des familles et pouvions dormir sous un toit. C'est à cette époque que, pour la première fois, j'ai compris les notions de pauvreté, de hiérarchie et d'infériorité ; dans ces petits villages déjà très pauvres, nous étions les plus misérables.

Bien que mangeant généralement à notre faim, nous ne restions jamais plus de trois mois dans un même foyer car ma grand-mère, soucieuse de notre avenir, n'avait pas oublié son rêve : rejoindre les frontières thaïlandaises pour nous faire sortir du pays. Ainsi nous avancions doucement mais sûrement vers la Thaïlande, entre les provinces de Kompong Thom et de Siem Reap. Grand-mère, qui attendait la proclamation de la fin de la guerre pour reprendre la route pour de bon, apprit, en janvier 1979, la défaite des khmers rouges. Mais elle décida d'attendre avant d'entamer la route pour éviter de rencontrer sur notre chemin les éventuels Yothears en fuite.

Je m'étais adaptée à ma petite vie d'enfant servante quand, en octobre 1979, nous quittâmes notre dernière famille « adoptive » de Sway Sy Sopon pour reprendre la route. Nous marchâmes à travers forêts, plaines et montagnes de la région nord-est de Battambang pendant une période qui me sembla durer une éternité tant je souffris de diarrhées chroniques qui m'emmenèrent aux lisières de la mort. Enfin, après plus d'un mois de marche, nous arrivâmes dans le camp de réfugiés thaïlandais 007, à Kok Kchoung.

Le camp, dont une des sections servait aussi de prison pour les soldats khmers rouges en fuite, manquait cruellement de moyens ; si bien que notre misère n'avait rien à envier à celle des camps de Pol Pot ; la faim au ventre, très souvent, mon frère et moi rôdions dans le camp à la recherche de quelques déchets comestibles. Mais au moins nous étions libres de nos mouvements et ce sentiment de liberté nous nourrissait de l'intérieur.

Pendant ce temps, avec l'aide de son mari Fareth et de la Croix-Rouge française, ma mère, Nary, n'était pas restée inactive. Pendant deux ans, elle s'acharna dans ses recherches jusqu'au moment où elle nous retrouva.

Au printemps de l'année 1980, à notre surprise nous découvrîmes que nous étions recherchés par la Croix-Rouge française. Quelqu'un, quelque part, pensait à nous, mais de qui s'agissait-il ? Je ne pensais pas à ma mère puisque je la croyais morte. Après de nombreuses déceptions et de longues démarches, l'un des responsables de la Croix-Rouge apparut un matin de mousson sous la tente de fortune qui nous abritait, pour nous annoncer que ma mère nous attendait en France. Il nous montra sa photo et une larme coula des yeux de ma grand-mère. C'était la première fois que je la voyais pleurer. Quant à moi, j'étais absolument incapable de montrer mon émotion bien que ce fût sans doute l'un des plus beaux jours de ma vie.

Mon frère et mois étions terriblement inquiets, moi incapable de croire qu'un bonheur proche m'attendait, mon frère réticent à l'idée de partir et craignant toujours le pire. Je me disais que l'on nous mentait et que sans doute nous allions être placés dans une famille d'accueil à l'étranger comme tant de réfugiés orphelins.

Je n'avais pas la moindre idée où se trouvait la France et de quel genre de pays il s'agissait mais lorsque grand-mère m'affirma avec une tendre conviction que je n'aurais plus jamais besoin de prendre la route après ce grand voyage, toutes mes inquiétudes prirent fin. Et mon frère, au départ peu convaincu, voulait maintenant quitter ce pays qu'il maudissait et qu'il disait désormais ne plus être le sien. Il était devenu à cette époque mon protecteur, agressif envers tous ceux qui m'approchaient.

J'ai retrouvé ma mère à Paris, durant l'hiver 1982.

À l'heure où j'écris, je songe à Pô, mon frère aîné qui n'a pas survécu ; c'est à lui et à ma grand-mère, sans laquelle je ne serais pas là aujourd'hui, que je dédie ces lignes.

Un mot encore pour évoquer quelques-unes des personnes qui traversent ce récit et qui, chacune à sa façon, font partie du drame cambodgien.

Sorya parvint à se réfugier en Russie où elle entreprit des études de Sciences politiques. Mariée et mère d'un petit garçon, elle vit maintenant à Phnom Penh.

Parmi les neuf frères et sœurs, seules « les trois Asparas », Nary, Sorya et Socheata, survécurent au génocide de Pol Pot, tandis que leur frère Long était torturé à mort dans la prison de Tuol Sleng (sur 12 500 prisonniers, moins d'une dizaine survécurent) et que Boreï se pendait.

Borad ne fut jamais retrouvé.

Tâ Koeûn mourut de vieillesse dans sa cabane, restée intacte, devenue lieu de pèlerinage et de retraite spirituelle pour Nary.

La plupart des rescapés royalistes et les victimes qui ont survécu se sont réfugiés dans la région d'Ile-de-France.

La guérilla entre le Vietnam et les khmers rouges fit rage pendant plus de vingt ans avant que les fidèles de Pol Pot ne déposent définitivement les armes, en décembre 1998, peu après la mort de Pol Pot.

Aujourd'hui, plus de trente ans après l'invasion des khmers rouges dans la capitale, Phnom Penh, le Cambodge tente toujours de comprendre et de pardonner ; de condamner aussi en faisant cette fois justice à ses criminels pour les innombrables victimes de Pol Pot, dont le nombre varie entre 1.7 et 3.3 millions.

Parmi les vingt grandes figures khmères rouges et environ mille chefs, quelques centaines sont encore vivantes. Le tribunal a spécifié que seuls seront jugés devant la Cour d'assises les principaux responsables. Pol Pot, « le frère numéro 1 », étant décédé en 1998, et Ta Mok « le boucher » en 2006, trois proches conseillers de Pol Pot seulement devront se présenter devant les juges : Khieu Samphan, 74 ans, ancien président (1976-78) ; Nuon Chea, 80 ans, membre du comité central, ancien commandant en chef pour Pol Pot et tortionnaire de la prison S21 ; enfin l'ancien ministre des Affaires étrangères, Ieng Sary, 78 ans, beau-frère de Pol Pot. Tous trois vivent à l'heure actuelle librement déniant toute implication quelconque dans les atrocités commises ou prétendant n'en avoir eu aucune connaissance. Seul Kang Keng Ieu « Duch » attend son jugement sous les verrous. Quant à Chea Peng, le bourreau de mon frère Pô, âgé aujourd'hui de 80 ans, il vit maintenant à Long Beach, le quartier cambodgien de Californie, devenu lieu d'immigration et de rassemblement d'un grand nombre d'anciens dignitaires khmers rouges.

Le jugement prévu en juin 2007 fait suite à cinq années de négociations entre l'ONU et le gouvernement cambodgien sur le financement du procès. Celui-ci se tiendra à Phnom Penh où se réuniront dix-sept magistrats khmers et dix magistrats internationaux.

Le jugement espère mettre un terme aux interrogations des victimes touchant à la prétendue innocence de leurs bourreaux, mais surtout apporter une explication sur les crimes qui furent commis, crimes restés impunis depuis trop longtemps déjà. Procès difficile où manquent de nombreux coupables et qui, souligne Nicholas Michel, sous-secrétaire général aux affaires judiciaires des Nations unies, offrira « des moments de grande satisfaction, mais également des moments de doute ».

Je souhaite que les personnes concernées me pardonnent mon audace et que ce récit soit utile à ceux qui affrontent encore les cruautés et les injustices, afin qu'ils ne perdent jamais espoir, quelles que soient les difficultés et les peurs qui les assaillent. Puissent ces obstacles leur inspirer plus de détermination à garder leur foi en l'amour et l'amitié des hommes.

Nathalie Sophana LIM.

Chronologie

1864. Le royaume du Cambodge devient un protectorat français.

1941. Le prince Sihanouk est couronné roi du Cambodge à l'âge de dix-neuf ans. L'Indochine française, dont le Cambodge fait partie, est sous occupation japonaise jusqu'en 1945. À la fin de la Seconde Guerre mondiale, le Cambodge redevient une colonie française.

1953. Après négociation avec la France, le Cambodge devient indépendant.

1954. Après la victoire vietnamienne de Dien Bien Phu sur les Français, les accords de paix sur l'Indochine (Cambodge, Laos, Vietnam) sont signés à Genève.

1955. Le prince Norodom Sihanouk abdique en faveur de son père afin de pouvoir jouer un rôle politique actif. Il crée alors le Sankum Reastr Niyum, un parti contenant un programme socialiste, et est élu Premier ministre.

1960. À la mort de son père, Norodom Suramarit, Norodom Sihanouk devient chef d'État. Création du Parti communiste cambodgien, le PCK, dont les membres du comité central inclut ceux qui, plus tard, deviendront les principaux dirigeants khmers rouges, tel Saloth Sar (plus tard connu sous le nom de Pol Pot), Nuon Chea, Khieu Samphan et Ieng Sary.

1963. Pol Pot devient secrétaire général ; Son Sen et Ta Mok (plus tard connu sous le nom du Boucher) sont élus au comité central. Les membres dirigeants du PCK débutent alors une action de guérilla.

1965. Augmentation de la présence militaire américaine dans le Sud-Vietnam. Les relations entre les États-Unis et Norodom Sihanouk se détériorent.

1966. Le prince Norodom Sihanouk autorise les troupes nord-vietnamiennes à utiliser les régions frontalières du Cambodge comme zones d'approvisionnement et de communication dans leur combat contre les Américains et le gouvernement sud-vietnamien.

1967. L'armée de Norodom Sihanouk réprime un soulèvement paysan de la province de Battambang. Des forces d'oppositions rejoignent alors en nombre le mouvement clandestin khmer rouge.

1968. La résistance khmère rouge commence à s'armer.

1969. Les bombardements américains, initialement prévus sur le « Ho Chi Minh trail », s'étendent sur les régions du Cambodge occupées par les troupes vietnamiennes.

1970. Campagne anti-vietnamienne au Cambodge. Le 18 mars 1970, lors d'un voyage à Moscou, Sihanouk est renversé par un coup d'État de Lon Nol, pro-américain. En exil en Chine, le prince se lie avec ses opposants, les khmers rouges pour former le FUNK, le Front uni national du Kampuchéa. Cela sera suivi par cinq années de guerre civile entre le régime militaire de Lon Nol et le gouvernement en exil de Sihanouk, soutenu par la Chine et le Vietnam du Nord.

1973. Les accords de paix de Paris mettent fin à la présence des troupes américaines dans le sud du Vietnam. Mais le conflit au Cambodge continue et les bombardements s'intensifient.

1975. 17 avril. Les khmers rouges prennent Phnom Penh d'assaut et établissent le régime de l'Angkar sous lequel un quart de la population périt durant les trois années qui suivirent. Le prince Sihanouk est nommé chef d'État.

1976. Les khmers rouges proclament le Kampuchea Démocratique. Pol Pot devient Premier ministre, Khieu Samphan chef d'État. Le prince est destitué et placé dans une maison d'arrêt.

1977. Tensions politiques aux frontières entre le Cambodge et le Vietnam. De plus en plus de khmers rouges désertent pour gagner le Vietnam.

1978. Décembre. Une résistance cambodgienne anti-khmer rouge (khmers sors) se met en place.

1979. Janvier. Les Vietnamiens et la résistance cambodgienne prennent Phnom Penh. Les khmers rouges fuient vers les forêts et frontières thaïlandaises. Le prince Sihanouk s'échappe de Beijing. Le People's Republic of Kampuchea est proclamé par Heng Samrin qui devient chef d'État.

Février. Offensive chinoise au Vietnam. Grâce aux soutiens américain et chinois, le parti du Kampuchea Démocratique des khmers rouges est autorisé à siéger à l'ONU.

Biographie

Norodom Sihanouk. Né en 1922. Roi du Cambodge entre 1941 et 1955. En 1955, il abdique en faveur de son père et crée un parti avec un programme socialiste. De 1960 à 1970, il est chef d'État. Il est destitué en 1970 par Lon Nol. De 1970 à 1975, il préside le gouvernement d'union nationale du Kampuchéa en exil (le GRUNK). En 1975, il retourne à Phnom Penh avec les khmers rouges et redevient chef d'État. Destitué en 1976, il est placé en maison d'arrêt jusqu'en 1979. De 1982 à 1987, il préside le gouvernement de coalition du Kampuchea Démocratique en exil. En 1993, il est couronné roi du Cambodge et abdique en octobre 2004 pour raisons de santé.

Lon Nol. Né en 1913. Général, il est nommé ministre de la Défense et chef de l'armée puis Premier ministre sous le gouvernement du prince Sihanouk. Il renverse ce dernier par un coup d'État grâce au soutien des Américains. De 1970 à 1975, il devient chef d'État de la République khmère et commandant en chef. En 1975, il s'enfuit à Hawaï où il décède en 1985.

Pol Pot (aka Saloth Sar, « Frère numéro 1 »). Né en 1925, il étudie à Paris et devient, en 1963, secrétaire général clandestin des khmers rouges. Premier ministre du Cambodge durant le régime des khmers rouges, il est nommé, de 1975 à 1985, commandant suprême de l'armée khmère rouge. Pol Pot décède en 1998.

Khieu Samphan. Né en 1931. Il fit ses études à Paris. Ministre de Sihanouk jusqu'en 1967, il devient membre du comité central et rentre dans la clandestinité. Chef d'État sous le régime khmer rouge, il est vice-président et ministre des Affaires étrangères sous le gouvernement de coalition du Kampuchea Démocratique en exil. De 1989 à 1991, il représente les khmers rouges dans les négociations de paix à Paris. Khieu Samphan vit maintenant dans la région de Pailin, déniant toute culpabilité. Il fait appel à l'avocat français, Jacques Vergès, pour assurer sa défense et publie ses mémoires chez l'Harmattan, démentant toutes vérités prouvées et dénonçant ses anciens compagnons d'armes.

SON SEN. Né en 1930. Il fit ses études à Paris. Proche conseiller de Pol Pot, depuis 1954, il rejoint le mouvement clandestin en 1964 en tant que secrétaire général des khmers rouges. Sous le régime de terreur, il est Premier ministre. En 1985, il remplace Pol Pot comme commandant en chef de l'armée khmère rouge. Accusé de coopérer avec le gouvernement, il fut exécuté en 1997 avec toute sa famille par Pol Pot.

TA MOK (aka Ung Choeun, « le boucher »). Né en 1926, il devient membre du comité central et commandant de la zone sud-ouest sous le régime des khmers rouges. En 1975, il devient membre du cercle intime de Pol Pot puis député en chef de l'armée nationale des khmers rouges, dans les années 1990. Pol Pot tente de l'assassiner à cause de son pouvoir grandissant au sein des khmers rouges. Responsable de purges sanglantes, il est jugé en 1997 puis emprisonné depuis 1999. Ta Mok meurt en 2006, peu après l'annonce du jugement proche des khmers rouges.

Parmi les autres chefs khmers rouges, on compte aussi (par ordre alphabétique) : DUCH (« tortionnaire de la S21 »), IENG SARY (« frère numéro 3 »), NUON CHEA (« frère numéro 2 »), HENG SARIM.

Table des matières

Achevé d'imprimer en mars 2007
chez Louis Jean Imprimeur à Gap

Dépôt légal : 138 - mars 2007